I0036202

INVENTAIRE
F 41-336

DU MANDAT

EN DROIT ROMAIN ET EN DROIT FRANÇAIS.

THÈSE

PRÉSENTÉE A LA FACULTÉ DE DROIT DE POITIERS

POUR OBTENIR LE GRADE DE DOCTEUR

ET

Soutenue le lundi 27 juillet 1863, à 2 heures 1|2 du soir,

DANS LA SALLE DES ACTES PUBLICS DE LA FACULTÉ.

PAR

Edouard PARENTEAU-DUBEUGNON,

AVOCAT A LA COUR IMPÉRIALE DE POITIERS.

POITIERS,

IMPRIMERIE DE A. DUPRÉ,

Rue de la Mairie, 10.

1863.

DU MANDAT

EN

DROIT ROMAIN ET EN DROIT FRANÇAIS.

THÈSE

PRÉSENTÉE A LA FACULTÉ DE DROIT DE POITIERS

POUR OBTENIR LE GRADE DE DOCTEUR

ET

Soutenue le lundi 27 juillet 1863, à 2 heures 1|2 du soir,

DANS LA SALLE DES ACTES PUBLICS DE LA FACULTÉ.

PAR

Edouard PARENTEAU-DUBEUGNON,

AVOCAT A LA COUR IMPÉRIALE DE POITIERS.

POITIERS.

IMPRIMERIE DE A. DUPRÉ,

Rue de la Mairie, 10.

1863.

COMMISSION

PRÉSIDENT,   M. ABEL PERVINQUIÈRE ✣,

SUFFRAGANTS,
- M. GRELLAUD ✣,
- M. FEY ✣,
- M. RAGON,
- M. LEPETIT,   Professeurs.

(C.)

Vu par le président de l'acte public,
ABEL PERVINQUIÈRE ✣.

Vu par le doyen,
H. GRELLAUD ✣.

Vu par le recteur,
DESROZIERS (O. ✣).

Les visas exigés par les règlements sont une garantie des principes et des opinions relatives à la religion, à l'ordre public et aux bonnes mœurs (statut du 9 avril 1825, art. 41), mais non des opinions purement juridiques, dont la responsabilité est laissée au candidat.

Le candidat répondra en outre aux questions qui lui seront faites sur les autres matières de l'enseignement.

A LA MÉMOIRE DE MON GRAND-PÈRE,

M. VINCENT-MOLINIÈRE,

PREMIER PRÉSIDENT DE LA COUR DE POITIERS.

A MON PÈRE ET A MA MÈRE,

A MES FRERES ET A MA SOEUR.

DU MANDAT.

DROIT ROMAIN.

CHAPITRE PREMIER.

NATURE ET FORMATION DU MANDAT.

Mandatum originem ex officio
atque amicittià trahit.
(Paui. l. 1. D. mandati vel contrà.)

NOTIONS PRÉLIMINAIRES.

« Les absences, les indispositions et plusieurs autres empêchements, dit Domat, font souvent qu'on
ne peut vaquer soi-même à ses affaires, et, dans ces
cas, celui qui ne peut agir choisit une personne à
qui il donne le pouvoir de faire ce qu'il ferait lui-
même, s'il était présent (1). » L'impossibilité où l'on

(1) Domat, Lois civiles, p. 127.

1

est souvent de s'occuper de ses propres affaires est donc la cause directe qui a donné naissance au mandat. Mais ce contrat n'est pas le seul à l'aide duquel on puisse arriver, par le ministère d'autrui, à un résultat que l'on ne saurait atteindre par ses propres moyens : ceux qui louent leurs services ont à remplir la même mission que les mandataires, à savoir : la gestion d'une certaine affaire dans l'intérêt d'un tiers.

Le caractère distinctif du contrat de mandat ne se trouve donc pas dans le but que se proposent les contractants ; il se trouve dans la manière dont ils veulent atteindre ce but : dans ce contrat, en effet, celui qui se charge de gérer les affaires d'autrui s'en charge gratuitement, et voilà pourquoi il est vrai de dire, avec le jurisconsulte Paul, que le mandat puise son origine dans la religion et les bons offices de l'amitié : « *Originem ex officio atque amicitiâ trahit.* » Le caractère de gratuité du mandat n'empêche pas le mandant de reconnaître le service que lui a rendu son ami ; mais l'*honoraire* qu'il lui donne à cette occasion n'est pas considéré comme le salaire d'un louage de service, ainsi que nous l'expliquerons bientôt; c'est un témoignage de reconnaissance envers le mandataire qui s'est dévoué, qui a mis son zèle, sa capacité, son bon vouloir au service du mandant. Cicéron exprime élégamment cette idée, que le mandat dérive de l'amitié, en disant : « Quibus in rebus ipsi interesse non possumus, in

his, operæ nostræ vicaria, fides amicorum compo-
nitur (1). »

L'étymologie même du mot *mandat* nous montre
l'origine et le caractère symbolique et religieux de
ce contrat : ce mot vient, en effet, de ce que le mandant et le mandataire contractaient leurs obligations
réciproques en se donnant la main, *manu datâ* (2) ;
or, chez les anciens, la main était considérée comme
le symbole de la fidélité.

Les Romains n'admirent qu'assez tard le mandat
au nombre des conventions reconnues par le droit
civil. On suivait, dans l'origine, la foi du mandataire ;
on n'avait d'autre garantie que son zèle et sa loyauté :
car on n'admettait pas que le citoyen romain pût se
faire représenter dans les actes du droit par un autre
que par les individus soumis à sa puissance, qui ne
faisaient qu'une seule et même personne avec lui.
C'était là un principe rigoureux; mais les adoucisse-
ments graduels qu'on y apporta permirent de placer
sous l'autorité des lois les obligations résultant du
mandat. En effet, à part quelques actes éminemment
civils, tels que les actions de la loi, la mancipation,
le testament, la crétion ou l'adition d'hérédité, dans
lesquels chaque citoyen fut toujours obligé d'agir
lui-même, il fut admis que, surtout dans les conventions du droit des gens, on pourrait agir et con-

(1) Cic. Pro Roscio Amerino, 38.
(2) Noodt. Probabil. juris civilis, lib. 5, c. 12.

tracter pour le compte d'autrui. Mais celui qui contractait ainsi pour le compte d'un autre n'était pas
le véritable représentant de ce dernier; il n'agissait
pas au nom de celui-ci; c'était lui personnellement
qui s'engageait, ou envers qui les tiers s'obligeaient;
c'était ensuite à l'aide d'actions de compte réciproques que le résultat de l'opération était reporté à
celui pour le compte duquel il avait agi.

Tel était le mandat en droit romain : le mandataire opérait en son propre nom pour le compte du
mandant, il n'était pas le représentant de ce dernier. Il ne faudrait pas croire cependant que l'idée
de représentation d'une personne par un tiers ait
été complétement étrangère aux jurisconsultes de
Rome; nous verrons que le préteur considérait dans
certains cas, surtout en matière commerciale ou
maritime, celui qui avait été préposé par un autre
à une série d'opérations comme représentant jusqu'à
un certain point le préposant, car il accordait aux
tiers des actions contre ce dernier, comme s'ils
avaient directement contracté avec lui ; d'un autre
côté, la jurisprudence avait admis, en considération
de l'utilité (*tàm ratione utilitatis quàm jurispruden-
tià*), qu'on pouvait être véritablement représenté par
un tiers quant à la possession (I). Mais ce ne sont
là que des modifications apportées aux principes du
droit par le préteur ou les constitutions impériales,

1) L. 1, c. 7, 32, Const. Sever. et Anton.

et il n'en reste pas moins vrai que le caractère distinctif du mandat en droit romain, c'est la manière dont agit le mandataire, obligeant les autres envers lui ou s'obligeant envers eux pour le compte du mandant, absolument comme le commissionnaire du droit français.

Nous pouvons, avec Pothier, définir le mandat en droit romain : un contrat par lequel une personne, le mandant, confie la gestion d'une affaire à une autre, le mandataire, qui s'en charge gratuitement, avec l'intention de la part des deux parties de contracter des obligations réciproques. « *Mandatum est contractus quo quis negotium gerendum committit alicui gratis illud suscipienti, animo invicem contrahendæ obligationis.* » On peut ajouter aussi, pour compléter cette définition, que l'affaire doit être gérée aux risques et périls du mandant.

Le mandat se divise en deux grandes classes, suivant l'objet auquel il s'applique : le mandat *ad negotia* et le mandat *ad litem*. Nous bornerons notre étude à examiner les règles générales du mandat *ad negotia*.

SECTION PREMIÈRE.

CARACTÈRES DU MANDAT.

Le mandat appartient au droit des gens ; il emporte obligation *ex æquo et bono*, par le seul effet du consentement, même tacite. C'est un contrat du genre de ceux qu'on nomme en droit français synallagmatiques imparfaits, c'est-à-dire qu'il est susceptible de donner naissance à des obligations de la part du mandant et de la part du mandataire, mais qu'il n'en produit nécessairement que chez ce dernier.

De la définition de Pothier il résulte que le mandat doit avoir pour objet une affaire non encore exécutée, *gerendum, non jam gestum*. Ainsi, lorsque j'ai prêté une somme d'argent à une personne pour une affaire déterminée, vous ne pouvez me donner mandat de prêter la même somme à la même personne pour la même affaire ; mais vous pouvez me donner mandat d'accorder un délai à mon débiteur pour qu'il se libère et alors vous êtes responsable du payement (1).

Le mandat, comme tous les contrats, doit avoir pour objet une chose honnête. L'action de mandat serait, en effet, refusée à celui qui se serait chargé d'accomplir une chose immorale ou contraire aux lois : « *Rei turpis nullum mandatum est, et ideò hâc actione non agetur* (2). » Mais le mandataire aura l'action de mandat, lorsqu'il aura eu un juste motif d'ignorer que l'objet du contrat était une chose illicite. Ainsi j'ai reçu mandat de prêter une somme d'argent à un fils de famille ; je n'aurais pas consenti

(1) L. 12, § 14, D. mand. vel contrà.
(2) L. 6, § 3, D. mand. vel contrà.

à ce prêt, si je l'avais su prohibé par les dispositions du sénatusconsulte macédonien ; mais mon
mandant m'a assuré que le père de l'emprunteur serait tenu de la dette en vertu de l'action *de peculio*,
ou *de in rem verso*, ou *quod jussu*. Dans ce cas,
j'aurai l'action de mandat, alors même que j'aurai
été trompé par mon mandant et que le prêt aura eu
lieu contrairement aux dispositions du sénatusconsulte (1).

Nous avons déjà dit que le mandat devait être gratuit. Du moment que l'on paye le service rendu par
le mandataire, il n'y a plus mandat : « *Mandatum,
nisi gratuitum, nullum est ;* » le contrat se transforme
en un véritable louage : « *Interveniente enim pecuniâ,
res ad locationem et conductionem potiùs respicit* (2). »
Cependant on peut témoigner sa reconnaissance
au mandataire en lui donnant un honoraire, et cette
rémunération ne change pas la nature du mandat :
« *Si remunerandi gratiâ honor intervenerit, erit
mandati actio* (3). » Dans ce cas l'honoraire n'est pas
considéré comme le prix du service : c'est l'échange
d'un bon office contre un bon office. C'est ce qui a
lieu lorsque le mandataire exerce une profession libérale, telle que celles de professeur, avocat, médecin, géomètre, rhéteur, etc.

(1) L. 12, § 13, D. mand. vel contrà.
(2) L. 1, § 4, D. mand. vel contrà.
(3) L. 6 pr. D. mand. vel contrà.

Il y a encore lieu à honoraire et non pas à salaire, lorsque l'acte n'est pas susceptible d'être l'objet d'un louage, lorsqu'il s'agit, par exemple, de l'affranchissement d'un esclave, « *si tale est factum quod locari non possit* (1). » L'honoraire est poursuivi en justice non pas au moyen de l'action *mandati*, mais *per extraordinariam persecutionem* : « *De salario quod promisit apud præsidem provinciæ cognitio præbebitur* (2). » Le magistrat juge d'après les circonstances et a même le pouvoir de réduire les honoraires, s'ils sont exagérés (3). Pour pouvoir réclamer en justice le payement de l'honoraire, il faut qu'il ait été non-seulement stipulé formellement, mais encore déterminé d'une manière expresse, car « *salarium incertæ pollicitationis peti non potest* (4). »

Pour que le mandat soit valable, l'affaire qui en est l'objet doit être de telle nature qu'elle puisse être exécutée par le mandant : on ne saurait admettre, en effet, que mon mandataire fasse pour mon compte, en vertu du mandat que je lui ai donné, ce que je ne pourrais pas faire moi-même. Ainsi, je ne peux donner mandat à Titius d'emprunter à mon intendant (5) ; je ne peux pas non plus lui donner mandat d'acheter ma propre chose. Cependant une exception

(1) L. 5, § 2, D. de præscript. verb.
(2. L. 1, C. mand. vel contrà.
(3) L. 1, D. de extraordinariis cognitionibus.
(4) L. 17, C. mand. vel contrà.
(5) L. 10, § 4, D. mand. vel contrà.

a été apportée à cette règle par la loi 22, § 3 , D. *mand. vel contrà ;* il résulte de cette loi que le mandat d'acheter la chose qui appartient au mandant est valable, lorsque cette chose a été donnée en gage et qu'elle est vendue par le créancier gagiste ; toutefois, pour fermer l'accès à la fraude, la loi 40, *pr.* D. *de pignerat. act.* dispose que le débiteur qui achète sa chose donnée en gage à un prix inférieur à la somme qu'il doit à son créancier, ne peut rentrer en possession de cette chose qu'autant qu'il a intégralement payé sa dette.

L'affaire qui est l'objet du mandat doit être telle que le mandataire puisse l'exécuter ; nous savons, en effet, qu'en droit romain le mandataire n'est pas le représentant du mandant, mais qu'il agit en son propre nom pour le compte de ce dernier. Le mandat d'acheter une chose qui appartient au mandataire n'est donc pas valable , personne ne pouvant acheter sa propre chose. Mais le mandat d'acheter une chose dont le mandataire est copropriétaire par indivis est valable. Un tel mandat est complexe ; il renferme tout à la fois mandat et vente conditionnelle : mandat pour les portions indivises qui n'appartiennent pas au mandataire, vente pour celles qui lui appartiennent, sous la condition que ses copropriétaires vendront leurs parts : « *Neque enim sine ratione quem existimaturum pro hâc parte contractam emptionem* (1). » Cette distinction est impor-

_____

(1) L. 34, § 1, D. mand. vel contrà.

tante, dit Africain dans la loi 34, § 1, D. *mand.* : en effet, si l'on ne voyait dans tout le contrat qu'un simple mandat, il s'ensuivrait que, par la mort de l'une des parties avant l'exécution, le mandat serait éteint, tandis que le contrat de vente, quoique conditionnel, subsiste entre les héritiers ; les héritiers du mandant et ceux du mandataire devront donc accepter la vente, si les autres communistes sont disposés à vendre.

Un des caractères du mandat, c'est que, pour être valable, il ne doit pas concerner les seuls intérêts du mandataire ; c'est ce que nous allons voir en examinant dans l'intérêt de qui le mandat peut être donné.

SECTION II.

QUELLES PERSONNES LE MANDAT PEUT-IL INTÉRESSER ?

Le mandat peut être donné : 1° dans l'intérêt du mandant seul; 2° dans l'intérêt du mandant et du mandataire; 3° dans l'intérêt d'un tiers seul ; 4° dans l'intérêt du mandant et d'un tiers ; 5° dans l'intérêt du mandataire et d'un tiers (1). Il n'y a donc que le mandat donné dans l'intérêt du mandataire seul qui ne soit pas valable : aussitôt que le mandataire n'est pas le seul intéressé à l'exécution du contrat, il y a lieu à l'action du mandat. Pourquoi cette action n'est-elle pas donnée lorsque l'affaire objet du

---

(1) L. 2, D. mand. vel contrà. Inst. l. 3, t. 26, pr.

mandat tend à la seule utilité du mandataire, lorsque, par exemple, je vous donne mandat de placer
votre argent à intérêt plutôt que de l'employer à
acheter des terres? Parce que, dans ce cas, on ne
peut pas dire qu'il y ait véritablement mandat; le
mandant a plutôt donné un simple conseil qui ne
produit aucune obligation : *nemo ex consilio obligatur*. Et en effet, le conseil eût-il entraîné les plus
fâcheuses conséquences, il était loisible à celui à qui
il était donné de le suivre ou de ne pas le suivre,
selon qu'il le trouvait avantageux ou non (1). Mais s'il
y a dol de la part de celui qui donne le conseil,
celui-ci est tenu, non pas par l'action *mandati*, puisqu'il n'y a pas mandat, mais bien par l'action *de
dolo* (2).

Il peut y avoir doute sur le point de savoir si celui
duquel émane l'ordre a voulu garantir l'opération
ou simplement en conseiller l'accomplissement.
C'est là une question qui ...vra être décidée en ap-
préciant de bonne foi les circonstances du fait.
Ainsi les Sabiniens décidaient qu'il y avait mandat
de la part de celui qui vous chargeait, non pas
simplement de placer votre argent à intérêt, mais
de le prêter à Titius (3). Il en serait de même si je
vous avais prié d'accorder un délai à votre débiteur,

(1) L. 2, §6, D. mand. vel contrà.
(2) L. 10, § 7, D. mand. L. 7, §10, et l. 8. D. de dolo malo, l. 47
D. de reg. jur.
(3) Inst., l. 3, t. 26, § 6.

prenant sur moi le péril de la dette : « *Si, ut expec-*
tares, nec urgeres debitorem ad solutionem, mandavero
tibi ut ei des intervallum, periculoque meo pecuniam
fore dicam (1). » On peut dire, en général, que le
mandat dans l'intérêt du mandataire devient valable, lorsque le mandant assume sur lui les risques
et périls de la chose, parce qu'alors ce dernier ne
se borne plus à donner un conseil, mais est obligé
envers le mandataire. Si la loi 6, § 5, D. *mand.*, dit
que le mandat donné dans l'intérêt du mandataire
produit des actions, lorsqu'il résulte des circonstances que, sans le conseil qu'il a reçu, le mandataire n'aurait pas agi comme il l'a fait, c'est que,
dans ce cas, le mandant est présumé avoir pris à sa
charge les risques de l'opération qu'il conseillait :
c'est ainsi que Pothier explique cette loi.

Lorsque le mandat donné dans l'intérêt du mandataire est valable, c'est-à-dire lorsque le mandant
assume sur lui le risque de l'opération qu'il con-
seille, on peut considérer le mandant comme une
véritable caution. Ce cas n'est pas le seul où le mandat se présente sous un aspect qui offre une grande
ressemblance avec la fidéjussion : cela arrive toutes
les fois que le mandant se trouve, par suite du
mandat qu'il a donné, responsable de la dette d'autrui. Le mandat est alors une espèce particulière
d'intercession qui peut se produire, dit le juris-

(1) L. 12, § 11, D. mand.

consulte Julianus, à l'occasion de tous les contrats
auxquels peut accéder la fidéjussion : « *Neque enim
multùm refert præsens quis interrogatus fidejubeat,
an absens mandet* (1). » Les commentateurs alle-
mands ont donné, dans ce cas, au mandat l'épithète
de *mandat qualifié*, et les textes du droit désignent
plus particulièrement sous le nom de *mandator*
celui qui donne un semblable mandat.

Nous allons trouver des exemples de mandats
qualifiés, en étudiant le mandat qui intervient dans
l'intérêt du mandant et du mandataire. Le mandat
dans l'intérêt du mandant seul, qui est le cas le plus
ordinaire, n'offrant aucune difficulté, ne doit pas
arrêter notre attention.

Nous prendrons d'abord comme exemple d'un
mandat donné dans l'intérêt du mandant et du mandataire, le cas du *mandator pecuniæ credendæ*. Je
vous donne mandat de prêter à intérêt à mon gérant
d'affaires. Nous y sommes tous deux intéressés,
vous pour le bénéfice que vous devez retirer de
votre prêt, moi pour tout ce dont en profiteront mes
affaires. Je pourrai donc vous contraindre à remplir votre mandat. Vous pourrez user contre moi de
l'action contraire, en cas d'insolvabilité de celui qui
a emprunté pour la gestion de mes affaires. Je fais
donc l'office d'un fidéjusseur ; cependant je ne suis
pas un fidéjusseur dans toute l'acception du mot,

(1) L. 32, D. mand. vel contrà.

et c'est ici que nous devons examiner quelles sont les règles communes à la fidéjussion et au mandat qualifié, et quelles sont les particularités qui distinguent cette dernière espèce d'intercession.

Les prohibitions du sénatus-consulte Velléien à l'égard des femmes s'appliquent en cette matière : ainsi la femme qui aura donné un *mandatum credenda pecuniæ* ne sera pas plus tenue, en cas de l'insolvabilité de l'emprunteur, par l'action de mandat contraire, que ne le serait une femme qui aurait garanti par fidéjussion la dette d'autrui ; la prohibition du sénatus-consulte s'applique, en effet, à toute espèce d'intercession (1).

Le *mandator pecuniæ credendæ* pourra, comme un fidéjusseur, invoquer le bénéfice d'ordre ou de discussion établi par Justinien dans la novelle 4, ch. 1, en vertu de laquelle le créancier, au lieu de pouvoir s'adresser, comme dans l'ancien droit, soit au *mandator*, soit à l'emprunteur, devra commencer par attaquer ce dernier, et n'aura de recours contre le *mandator* que pour ce qu'il n'aura pu en obtenir.

S'il y a plusieurs *mandatores pecuniæ credendæ*, celui qui est attaqué par le créancier peut invoquer le bénéfice de division établi en faveur des cofidéjusseurs par un rescrit d'Adrien (2), et exiger que le créancier divise son action entre tous les mandants solvables au moment de la *litiscontestatio*.

(1) Paul. Sent. 2, 11, § 1.
(2) Inst. l. 3, t. 20, § 4. Gaius, 3, § 121.

Voyons maintenant les différences qui peuvent
exister entre le *mandator pecuniæ credendæ* et le fidéjusseur ordinaire. Il est à remarquer d'abord que
c'est par suite de l'initiative du *mandator pecuniæ
credendæ* que le créancier a prêté au débiteur principal, que c'est grâce à son conseil, à son impulsion,
que le contrat a été formé. Il suit de là que, s'il veut
user contre le créancier son mandataire des divers
moyens de défense qui peuvent être ouverts par ex-
traordinaire au débiteur principal, le préteur lui en
accordera le bénéfice plus difficilement qu'il ne le
ferait à l'égard d'un fidéjusseur qui n'a pas provoqué
le créancier à prêter au débiteur, mais qui est venu
simplement après coup garantir la solvabilité de ce
dernier. C'est ainsi qu'Ulpien nous dit dans la loi 13
pr., D. *de minoribus viginti quinque annis*, que la *res-
titutio in integrum* ne sera pas accordée à celui qui
aura donné mandat de prêter à un mineur, car il a
en quelque sorte affirmé qu'on pouvait contracter
sûrement avec le mineur et conseillé de le faire :
« *Hic enim velut adfirmator fuit et suasor, ut cum mi-
nore contraheretur.* »

La seconde différence qui existe entre la *mandator*
et le *fidejussor*, c'est que l'engagement du premier ne
vient pas, comme celui du second, s'adjoindre, en
qualité d'accessoire, à une obligation principale :
l'obligation du *mandator* est distincte et indépen-
dante de celle du débiteur dont il répond ; elle provient du contrat de mandat. Il y a donc deux classes

d'obligations principales qui ont leur existence à part : d'un côté, les obligations provenant du mandat ; de l'autre celles qui résultent de l'opération faite par le mandataire avec le tiers.

Les conséquences de la différence que nous signalons entre le *mandator* et le *fidejussor* étaient importantes. Le créancier dont la créance était garantie par un fidéjusseur pouvait poursuivre, à son choix, soit le débiteur principal, soit le fidéjusseur, et lorsque son choix était fait et l'action donnée contre l'un, *lite contestata*, l'autre était libéré (1). Il n'en était pas de même lorsque le créancier, au lieu de s'attaquer à un fidéjusseur, avait son recours contre un *mandator;* ce dernier étant obligé envers lui, non comme caution, mais par suite d'un mandat, la poursuite dirigée contre le débiteur principal ne le libérait pas, de même que la poursuite dirigée contre lui ne libérait pas l'emprunteur, puisqu'ils étaient indépendants l'un de l'autre (2). Sous Justinien, cet état de choses n'existe plus ; la constitution 28, *de fidej. et mandat.*, C., décide que la poursuite exercée contre le débiteur principal ne libère pas le fidéjusseur, qui se trouve ainsi être assimilé au *mandator.* Enfin nous avons vu que, d'après la novelle 4, ch. 1, le créancier devra toujours s'adresser au débiteur principal avant de recourir au fidéjusseur.

---

(1) Paul. Sent. l. 2, tit 17, § 16.
(2) Paul. *ibid.* L. 13, D. de fidejussoribus. F. Julianus.

Le *mandator credendæ pecuniæ* pourra, comme le fidéjusseur, réclamer du créancier la cession des actions qu'il avait contre l'emprunteur et les autres cautions, s'il y en a. Mais il existe à cet égard, entre ces deux sortes d'intercesseurs, une différence résultant de la manière dont ils sont obligés. Le fidéjusseur, dont l'obligation est accessoire à celle du débiteur principal, ne peut se faire céder les actions du créancier après avoir payé ce dernier, car le payement éteint toutes les actions (1) ; quant au *mandator*, au contraire, il peut, même après avoir payé son mandataire, se faire céder les actions de ce dernier contre le débiteur, car en payant il n'a pas libéré le débiteur dont il répond, il a accompli seulement l'obligation principale de mandat qu'il avait personnellement contractée envers le créancier : « *Propter mandatum enim suum solvit, et suo nomine,* » dit Papinien (2) ; mais, quant à l'autre obligation principale de l'emprunteur envers le créancier, et quant aux actions qu'a engendrées cette obligation, elles subsistent tout entières.

Que si le créancier s'est mis dans l'impossibilité de céder ses actions à son *mandator*, celui-ci ne sera tenu à rien vis-à-vis de lui : il résulte, en effet, des rapports que le mandat établit entre eux, que le créancier mandataire est en faute s'il ne conserve pas les droits de son mandant ; il ne pourra donc

(1) L. 76, D. de solut. et liber.
(2) L. 28, D. mand.

2

l'obliger à lui rien donner, « *quùm ipsius vitio acci-
derit ne mandatori possit actionibus cedere*, » dit Papinien (1).

En général le *mandator pecuniæ credendæ* endosse
sa responsabilité avant que le prêt ne soit intervenu.
Les textes nous montrent cependant un cas dans
lequel le mandat intervient après le *mutuum*. Je suis
créancier de Titius ; le terme est arrivé, je vais poursuivre ; survient Mœvius qui me dit d'attendre et de
ne poursuivre qu'après un certain intervalle, *ut Titio
dem intervallum*, prenant à sa charge le péril de la
dette. Mœvius est dans une position analogue à celle
d'un *mandator pecuniæ credendæ* (2).

L'exemple du *mandator pecuniæ credendæ* n'est pas
le seul exemple d'un mandat donné dans l'intérêt du
mandant et du mandataire ; les Instituts nous en
rapportent plusieurs autres.

C'est d'abord un créancier qui, sur le point d'agir
contre Titius *ex fidejussoriâ causâ*, reçoit de celui-ci
mandat de poursuivre le *reus* aux risques et périls
du mandant. C'est l'intérêt du mandant, puisqu'il
détourne de sa personne l'action qui allait le frapper.
C'est l'intérêt du créancier mandataire , car , au lieu
de laisser éteindre son action contre le débiteur principal, effet qu'eût produit la poursuite contre le
fidéjusseur avant Justinien, le créancier aura deux
chances de se faire payer : il agit contre le débiteur,

(1) L. 95, § 11, D. de solut. et liber.
(2) L. 12, § 14, D. mand.

en vertu du mandat, et, s'il n'est pas payé de lui, il se retourne contre le fidéjusseur, qui se trouvera bien libéré en sa qualité de fidéjusseur, mais qui sera tenu comme mandant (1).

Vient ensuite le cas où, étant votre débiteur, je vous donne mandat de stipuler à mes risques et périls d'un de mes propres débiteurs que je vous délègue la somme que je vous dois ; cette stipulation intervenue en vertu de mon mandat produira novation, c'est-à-dire qu'elle éteindra et ma dette vis-à-vis de vous et la dette de mon débiteur vis-à-vis de moi, et qu'elle y substituera la nouvelle dette, produit de la stipulation. Cette opération a lieu dans mon intérêt à moi mandant, puisque je suis libéré et ne suis plus tenu qu'au cas d'insolvabilité de mon débiteur ; elle a lieu aussi dans votre intérêt à vous mon mandataire, puisque vous avez deux actions au lieu d'une : une action née de la stipulation et une autre née du mandat, en cas d'insolvabilité totale ou partielle du délégué (2).

Ajoutons à ces exemples des Instituts celui de la loi 32, D. *mand.* Je suis légataire d'une succession douteuse, que vous ne voulez accepter que dans le cas où je vous garantirai *damnum præstari.* C'est ce que je fais en vous donnant mandat d'accepter cette succession à mes risques et périls. Dans ce cas, le mandat est dans mon intérêt, puisque je toucherai le

(1) L. 22, § 2, et l. 45, §§ 7 et 8, D. mand.
(2) L. 22, § 2, et l. 45, § 7. D. mand.

montant des legs ; il est aussi dans votre intérêt, puisque vous pouvez accepter la succession en toute sécurité.

Enfin on trouve un exemple d'un mandat dans l'intérêt du mandant et du mandataire dans la loi 16, D. *mand.*, où Ulpien rapporte une réponse du jurisconsulte Celse, qui avait été consulté dans le cas suivant : un certain Aurelius Quietus avait donné mandat à son médecin, chez lequel il venait chaque année séjourner quelque temps, de faire construire dans ses jardins de Ravenne une rotonde pour prendre des bains et se livrer à l'exercice du jeu de paume (*sphœristerium*), ainsi qu'un *vaporarium* ou chambre à vapeur. Dans ce cas, le mandat est dans l'intérêt du mandant, qui profitera, pour son agrément et sa santé, de l'embellissement de ces jardins , et dans l'intérêt du mandataire, qui verra sa propriété ainsi embellie. Celse décide que ce mandataire pourra recouvrer par l'action de mandat ce qu'il aura dépensé , déduction faite de la plus-value qu'aura acquise sa propriété par suite de ces améliorations.

Nous avons dit que le mandat pouvait intervenir dans l'intérêt d'un tiers. Ce genre de mandat offre cette particularité qu'il ne donne naissance à une action qu'autant qu'il y a eu un commencement d'exécution de la part du mandataire. Ainsi je vous donne mandat de gérer les affaires de Titius qui est absent. En vous donnant ce mandat, je n'ai qu'un intérêt d'affection, qui ne donne ouverture à aucune action ; si vous ne voulez pas vous charger des affaires de Titius, je n'ai aucun moyen légal de vous y contraindre. Mais si vous avez commencé à gérer, sur mon mandat, les affaires de Titius, les actions naissent : j'ai action contre vous pour vous faire rendre compte et exécuter vos obligations, car je suis responsable de votre gestion envers Titius, dans les affaires duquel je me suis immiscé (1). De votre côté, vous aurez action contre moi pour vous faire indemniser des suites de l'affaire dont je vous ai chargé.

Le mandat peut être donné tout à la fois dans l'intérêt du mandant et dans celui d'un tiers : par exemple, le mandataire peut être chargé de gérer des affaires communes au mandant et à Titius ; dans ce cas, le mandant seul a l'action directe de mandat, et Titius ne peut agir contre le mandataire que par l'action *negotiorum gestorum*, après l'exécution du mandat.

Enfin le mandat peut intéresser à la fois et le mandataire et un tiers : c'est ce qui arrive lorsque je vous donne mandat de prêter votre argent à intérêts à Titius. Remarquons que c'est la détermination du tiers auquel je vous dis de prêter à intérêts qui rend le mandat valable ; car, si je vous avais dit simplement de prêter votre argent à intérêts, nous savons que ce n'est pas là un véritable mandat, mais que

(1) L. 8, § 6, D. mand. L. 28, D. de negot. gest.

c'est plutôt un conseil, qui n'oblige pas celui qui le donne, *nemo ex consilio obligatur*. Lorsqu'au contraire je vous indique un emprunteur, on retrouve tous les éléments du *mandatum pecuniæ credendæ*, et je suis responsable envers vous de l'insolvabilité de cet emprunteur.

SECTION III.

FORMATION DU MANDAT.

Le contrat de mandat se forme par le seul consentement des parties : « *Obligatio mandati consensu contrahentium consistit* (1). » Il n'est besoin d'aucun écrit pour que l'obligation prenne naissance, et il n'est pas même nécessaire que les parties soient en présence l'une de l'autre pour se donner leur consentement : « *Neque scripturâ neque præsentiâ omnimodò opus est* (2) ; » elles peuvent le manifester par un messager ou par une lettre : « *Per nuntium quoque, vel per epistolam, mandatum suscipi potest* (3). » Les paroles prononcées ou écrites ne sont pas sacramentelles ; il suffit qu'elles expriment clairement l'ordre que veut donner le mandant ; on peut employer indifféremment les mots *rogo, volo, mando*, ou

(1) L. 1, D. mand.
(2) Inst. *de consensu. obl.*
(3) L. 1, § 1. D. mand.

tout autre équivalent (1). De son côté, le mandataire formulera son consentement par le mot *recipio*
ou tout autre indiquant la volonté d'accepter et de
conduire à bonne fin le mandat.

Le mandat n'ayant besoin, pour être formé, que
du consentement des parties, peut être tacitement
donné et tacitement accepté ; la loi 60, D. *de reg.
juris*, porte : « *Semper qui non prohibet pro se intervenire, mandare creditur.* » Le même principe se
trouve reproduit dans les lois 6, § 2, 18 et 53, D.
mand., et dans la loi 16, D. *de senat. Maced.*

Bien que le mandat puisse être donné tacitement,
il ne se présume pas et doit être prouvé par celui
qui l'invoque : la loi 60, D. *de reg. jur.*, ne doit pas
être interprétée comme si elle voulait dire que celui
qui, pouvant s'opposer à un acte, ne s'y oppose pas,
est censé y consentir et donner mandat de le faire ;
on ne doit pas ainsi généraliser les termes de cette
loi, car elle ne parle que d'une *intercessio*, soit que
l'on se porte caution, soit que l'on se constitue *mandator ;* et l'on conçoit que lorsqu'on se charge
ainsi d'une obligation dans l'intérêt d'un tiers, ce
tiers soit présumé consentir à un tel acte, lorsqu'il
est fait en sa présence, à moins qu'il n'exprime une
volonté contraire. Nous trouvons la preuve que le
mandat tacite ne se présume pas dans la loi 86, D.
de sol. et lib., où il est dit que celui qui a reçu man-

(1) L. 1, § 2, D. mand.

dat de poursuivre un débiteur n'est pas présumé avoir reçu mandat à l'effet de recevoir le payement.

Si le mandat peut s'induire de la tolérance du mandant, *ex patientiâ mandantis*, il est certain qu'il n'y aurait pas ouverture à l'action de mandat, lorsque celui dans les affaires duquel on s'est ingéré s'y est opposé. Il n'y aurait pas lieu davantage à l'action *negotiorum gestorum*, car les raisons qui ont donné naissance à l'édit du préteur n'existent pas ici (1). Il ne faudrait même pas songer, suivant Paul et Pomponius, à donner une action utile à celui qui aurait cautionné un débiteur malgré lui (2).

La ratification d'une gestion d'affaires équivaut-elle à un mandat donné, et fait-elle naître contre le gérant l'action de mandat, ou laisse-t-elle subsister l'action de gestion d'affaires ? Il résulte clairement de la loi 9, D. *de neg. gest.*, que la ratification ne convertit pas en mandat une gestion déjà achevée, et laisse subsister l'action *negotiorum gestorum*. Cependant il est dit dans cette loi que celui qui a ratifié une gestion n'a pas d'action contre le gérant, la gestion eût-elle été préjudiciable, excepté en cas de dol ; mais cela veut dire seulement que le maître qui a ratifié la gestion ne peut plus venir contester l'utilité de cette gestion, « *reprobari non possum semel probatum*, » et que le gérant est déchargé de toute

(1) L. 1, D. de neg. gest.
(2) L. 40, D. mand.

responsabilité à cet égard ; mais le gérant n'en est pas moins responsable de son dol et n'en doit pas moins restituer les sommes provenant de sa gestion, et c'est pour lui faire opérer cette restitution que le maître aura l'action de gestion d'affaires. De son côté, le gérant aura l'action contraire pour se faire rembourser des dépenses qu'il aura faites. Ces résultats ne pourraient être obtenus si l'action *negotiorum gestorum* était éteinte, car il n'y a pas de mandat, dit la loi : *nam utique mandatum non est.* Ainsi la ratification a pour effet d'imprimer à la gestion un caractère d'utilité qui ne peut plus être contesté ; mais pour toute autre cause l'action *negotiorum gestorum* subsiste.

La loi 60, D. *de reg. jur.*, qui dit dans sa seconde partie : « *Sed et si quis ratum habuerit quod gestum est, obstringitur mandati actione,* » est-elle contraire à la loi 9 *de neg. gest.*, et doit-on en conclure que, contrairement à ce que dit cette dernière loi, la ratification d'une gestion d'affaires donne naissance à l'action de mandat ? En aucune façon, et il est facile de voir qu'il n'y a aucune antinomie entre ces deux lois. Pour bien comprendre la seconde partie de la loi 60, il faut la rattacher à la première : « *Semper qui non prohibet pro se intervenire, mandare creditur,* » et l'on voit alors que ce texte ne s'applique qu'à l'intercession. Or, s'il est vrai de dire qu'en cas d'intercession, la ratification équivaut au mandat, on n'est nullement autorisé à en con-

clure qu'en général la ratification d'une gestion
d'affaires convertit celle-ci en mandat. En effet, il
y a une grande différence entre la gestion consommée de la loi 9 et l'intercession de la loi 60. La
gestion consommée a donné naissance à l'*actio ne-*
gotiorum directa et contraria; la simple intercession,
au contraire, n'a par elle-même fait naître *hic et*
nunc aucune action entre l'intervenant et celui
dans l'intérêt duquel l'intervention a eu lieu; entre
ces deux personnes, il n'existe de lien d'obligation
que lorsque l'intercesseur a payé utilement. Mais
si, avant ce payement, le débiteur principal ratifie
l'intercession qui a eu lieu en sa faveur, il est évident que cette ratification crée un lien de droit, et
qu'elle implique réellement mandat à l'effet de
payer, et ici s'appliquent entièrement les règles du
mandat, qui ne saurait avoir pour objet qu'une
chose future. Tel est le motif pour lequel, au cas de
la loi 60, la ratification fait naître le mandat, tandis
qu'à la loi 9 elle laisse subsister la *negotiorum*
gestio. De ces deux lois combinées concluons que,
lorsqu'une gestion est accomplie, la ratification lui
laisse le caractère de gestion avec l'effet de la loi 9,
tandis que, lorsqu'il reste des choses à exécuter,
elle fait naître le mandat.

Le mandat peut être contracté à terme ou sous condition (1). Peut-on donner un mandat qui doive

(1) L. 1, § 3, D. mand.

être exécuté après la mort du mandant ? Avant Justinien, on pouvait douter de la validité d'un semblable mandat, à cause de la règle d'après laquelle les héritiers ne pouvaient avoir une action que le défunt n'avait pas eue, ni les obligations commencer dans la personne de l'héritier (1). La loi 1, c. IV, 8, *ut actiones et ab heredibus*, a levé toute difficulté à cet égard, et il en résulte que le mandant peut parfaitement exprimer la volonté que le mandat ne soit exécuté qu'après sa mort. On trouve des exemples de semblables mandats dans la loi 12, § 17, D. *mand.*, où le jurisconsulte Marcellus décide que le mandat d'élever un tombeau au mandant est valable, et que l'héritier du mandant aura, pour le faire exécuter, action contre le mandataire. La loi 27, § 1er, D. *mand.*, décide également que vous pouvez remettre un esclave à une personne, en lui donnant mandat de l'affranchir après votre mort.

(1) Gaius, Inst. 3, § 158.

CHAPITRE II.

DES OBLIGATIONS ENTRE LE MANDANT ET LE MANDATAIRE.

SECTION PREMIÈRE.

RESPONSABILITÉ DU MANDATAIRE.

Le mandataire est lié par l'acceptation du mandat ; il doit l'exécuter, *susceptum consummari oportet* (1) ; il n'y a que la renonciation *integris rebus* et des motifs déterminés qui peuvent le délier. Mais le mandataire peut faire exécuter le mandat par un tiers ; toutefois lui seul demeure personnellement responsable envers le mandant de tous les actes de ce tiers (2).

Le mandataire doit exécuter l'ordre conformément aux instructions du mandant ; il ne doit pas excéder ses pouvoirs : *Qui mandati fines excessit aliud quid facere videtur* (3). Celui qui a reçu mandat de s'occuper des affaires d'un autre ne peut trouver dans la généralité des termes de ce mandat le pouvoir d'aliéner ; pour aliéner, il faut toujours un mandat spécial ; mais les ventes de fruits sont considérées comme des actes d'administration, et peuvent, en con-

(1) L. 22, § 11, D. mand.
(2) L. 8, § 3, D. mand. L. 2, D. si mensor. L. 28 de neg. gest.
(3) L. 5, D. mand.

séquence, être faites par un mandataire général (1).
Cependant quelques interprètes ont pensé, en s'ap-
puyant sur la loi 9, § 4, D. *de adquir. rer. dom.*, que
le droit romain distinguait deux espèces de mandataires généraux : le mandataire général *cum liberâ
administratione*, qui pourrait, d'après la loi 9, § 3,
faire même des actes d'aliénation, et le mandataire
général *sine liberâ administratione*, qui, d'après la
loi 63, D. *de procuratoribus*, ne pourrait pas aliéner.
Mais cette opinion repose sur une mauvaise interprétation de la loi 9, §§ 3 et 4 : si cette loi donne le
pouvoir d'aliéner au mandataire qui est chargé de
gérer un négoce, ce n'est pas parce que tout mandataire général a cette faculté, mais parce que le commis qui est préposé à tout un négoce exerce un mandat
spécial, qui renferme le pouvoir spécial d'aliéner.
Cette loi ne déroge donc pas à la loi 63, D. *de procur.*,
qui contient le véritable principe sur l'étendue des
pouvoirs du mandataire général.

Le mandataire qui a vendu un fonds pour un prix
inférieur à celui qui lui a été fixé devra indemniser
le mandant de ce qui manque à ce prix ; sinon le
mandant restera toujours propriétaire et vendiquera
valablement son fonds, car la condition sous laquelle
il a consenti à transférer sa propriété n'a pas été
accomplie (2).

(1) L. 63, D. de procurat.
(2) L. 5, § 3, D. mand.

Le mandataire qui a acheté ou cautionné pour une somme supérieure à celle qui lui avait été indiquée par le mandant peut-il avoir action contre ce dernier, en restreignant sa demande à la somme jusqu'à concurrence de laquelle il devait acheter ou cautionner? Les Sabiniens se prononçaient pour la négative; les Proculéiens, au contraire, estimaient avec moins de rigueur que le mandataire pouvait, en se renfermant dans les bornes du mandat, exiger la somme qui avait été fixée pour l'achat ou la fidéjussion; cette opinion plus équitable a prévalu, disent les Instituts. Nous devons ici remarquer que les Instituts mettent sur la même ligne deux hypothèses bien distinctes, et leur appliquent la même solution : 1° hypothèse où le mandataire a acheté à un prix plus élevé; 2° hypothèse où il a cautionné pour une somme plus forte. Il convient d'examiner ces deux hypothèses séparément, et nous verrons qu'elles ne doivent pas être confondues.

1° *Le mandataire a acheté plus cher.* — Dans ce cas, il n'a fait en aucune façon l'affaire du mandant; il ne peut donc forcer celui-ci à accepter son opération, même en la restreignant dans les termes de l'ordre qu'il avait reçu, car il y aurait inégalité entre eux, le mandataire pouvant forcer le mandant à accepter la chose, le mandant ne pouvant, même en complétant le prix désigné, forcer le mandataire à lui livrer la chose : « *Iniquum est non esse mihi cum illo actionem si nolit, illi vero, si velit, mecum esse* (1). » On comprend donc, dans ce cas, la rigueur des Sabiniens; ce n'est qu'en faisant plier les principes qu'on était arrivé à adopter une opinion moins sévère : *benigniorem sententiam.*

2° *Le mandataire a cautionné pour une somme supérieure.* — Dans ce cas, à la différence du précédent, le mandataire a, en réalité, fait l'affaire de son mandant; jusqu'à concurrence de la somme fixée, il a suivi la foi de celui qui lui a donné mandat : « *Usque ad eam summam in quam rogatus erat, fidem ejus spectasse videtur qui rogavit* (2). » Il y a là deux opérations qu'on peut scinder : 1° cautionnement jusqu'à concurrence de la somme fixée; 2° cautionnement supplémentaire. Le premier cautionnement est l'affaire confiée par le mandant, que le mandataire a exécutée dans les limites de son mandat et pour laquelle il aura par conséquent toujours action : la rigueur des Sabiniens ne saurait l'atteindre, puisqu'il n'est pas vrai de dire dans ce cas, comme dans celui d'achat à un prix plus élevé que celui fixé par le mandant, que le mandataire seul aurait une action; le mandant aura lui aussi une action pour contraindre le mandataire à se porter caution ou à l'indemniser du préjudice qu'il lui aura occasionné en ne se portant pas caution, tandis que le mandant n'aurait aucune action contre le manda-

(1) L. 3, § 2, D. mand.
(2) L. 33, D. mand.

taire qui n'aurait pas acheté parce que le vendeur n'aurait pas voulu lui laisser la chose au prix fixé par le mandant.

La différence entre les deux hypothèses que nous venons d'étudier provient donc de ce que le cautionnement pour une somme supérieure à celle fixée par le mandant constitue une double opération, qui est valable pour partie, tandis que l'achat fait à un prix supérieur à celui qui était indiqué au mandataire est une opération unique, qui, rigoureusement, devrait être laissée à la charge du mandataire, et qu'une interprétation bienveillante a mise à la charge du mandant, pourvu que le mandataire fasse le sacrifice de la somme pour laquelle il a dépassé ses pouvoirs.

C'est donc à tort que les Instituts ont confondu les deux hypothèses ; mais les lois originales ont su éviter cette confusion. La décision des Sabiniens n'est appliquée par le Digeste qu'au cas de vente ; c'est ce qui résulte de la loi 3, § 2, D. *mand.* : « *Quod si pretium statui, tuque pluris emisti, quidam negaverunt te mandati habere actionem, etiam si paratus esses id quod excedit remittere.* » Cela résulte aussi de la loi 4, *eod. tit.*, reproduisant la solution plus bénigne des proculéiens : « *Sed Proculus rectè eum usque ad pretium statutum acturum existimat.* » Aucune de ces lois ne parle du cautionnement, et la loi qui est relative à ce contrat, en décidant qu'il est valable, même lorsqu'il a été fait pour une somme supérieure, pourvu qu'on restreigne la responsabilité du mandant à la somme fixée par lui, la loi 33, D. *mand.* ne parle d'aucune controverse à cet égard : « *Rogatus ut fidejuberet, si in minorem summam se obligavit, rectè tenetur : si in majorem, Julianus veriùs putat, quod à plerisque responsum est, eum qui majorem summam quam rogatus erat, fidejussisset, hactenùs mandati actionem habere, quatenùs rogatus esset.* » La raison que donne Julien dans cette loi pour appuyer sa décision confirme en tous points les principes que nous avons précédemment émis : Le mandataire, dit-il, a, dans ce cas, véritablement accompli l'ordre qu'il avait reçu : « *Quia id fecisset, quod mandatum ei est : nam usque ad summam in quam rogatus erat, fidem ejus spectasse videtur qui rogavit.* » Ce n'est que pour la somme qui excède le mandat qu'il a fait l'affaire sienne.

Si le mandataire ne doit pas dépasser le prix d'achat qui lui a été fixé par le mandant, il doit, au contraire, s'empresser d'acheter, lorsqu'il le peut, à des conditions plus favorables que celles qui lui avaient été indiquées (1).

Si le mandataire qui a reçu mandat de s'obliger à terme, s'oblige purement et simplement, il n'aura d'action de mandat qu'à l'arrivée du terme (2).

Le mandataire doit se conformer à la véritable

(1) L. 5, § 5, D. mand.
(2) L. 22, pr. et § 1, D. mand.

intention de son commettant, et non pas suivre la
lettre du mandat (1). Le mandat peut être exécuté
par actes équipollents, s'il n'est pas déterminé
d'une manière absolue, si le but que se propose le
mandant peut être rempli de plusieurs manières.
Par exemple, je vous donne mandat de vous porter
caution pour Mœvius, qui désire contracter un emprunt chez Sempronius ; au lieu de vous porter caution, vous vous constituez *mandator*, et vous écrivez
à Sempronius qu'il prête à Mœvius la somme déterminée ; vous avez exécuté le mandat que je vous avais
donné, puisque vous avez procuré à Mœvius le crédit demandé, et que je n'ai aucun intérêt à ce que
vous soyez tenu comme caution plutôt que comme
mandator (2). De même, si je vous ai donné mandat
de faire un payement à ma décharge, vous pouvez
me libérer par une *expromissio*, en vous constituant
débiteur à ma place. Le mandat peut donc être exécuté par équipollents, toutes les fois que l'intérêt du
mandant ne s'y oppose pas.

Le mandataire doit rendre compte de sa gestion (3).
Il doit restituer tout ce qu'il détient par suite de son
mandat, intérêts, fruits, profits principaux et accessoires. La loi 10, § 3, D. *mand.*, s'occupe de la restitution des intérêts par le mandataire : il les doit
d'abord au mandant, lorsqu'il est en retard pour

(1) L. 46, D. mand.
(2) L. 62, § 1, D. mand.
(3) L. 46, § 1, D. de procurat.

rendre à ce dernier la somme d'argent qu'il a touchée par suite du mandat; cette somme devient alors productive d'intérêts qui seront à la charge du mandataire. Si le mandataire a prêté l'argent du mandant et en a touché les intérêts, il les lui doit dans ce cas, qu'il ait été parlé ou non des intérêts lors de la formation du mandat, « *quia bonæ fidei hoc congruit ne de alieno lucrum sentiat.* » Si le mandataire a employé l'argent du mandant à ses affaires personnelles, il en doit l'intérêt d'après le taux du pays. Enfin Papinien, cité par Ulpien, décide que le mandataire doit les intérêts des intérêts qu'il aura fait servir à son usage. Lorsque le mandat consiste dans le placement à intérêts d'une somme d'argent, le mandataire devra non-seulement les. intérêts qu'il aura reçus, mais encore ceux que par sa faute il a négligé de percevoir; il devra encore les intérêts lorsqu'il aura négligé de payer une somme au créancier du mandant, dont la dette se trouvera ainsi augmentée de ces mêmes intérêts (1).

Quant aux sommes d'argent que le mandataire a entre les mains par suite de sa gestion, doit-il les conserver oisives ou les faire fructifier? C'est la question que se pose Scævola dans la loi 13, § 1, D. *de usuris*, et il la résout suivant les habitudes du mandant : prête-t-il d'ordinaire à intérêts, ou laisse-t-il dormir ses capitaux? le mandataire, suivant ces deux cas, sera ou non tenu des intérêts.

(1) L. 12, § 10, D. mand.

Si le mandataire a prêté de l'argent à intérêts à Titius, bien que le mandant lui ait donné ordre de le prêter sans intérêts, devra-t-il restituer ces intérêts au mandant ? Labéon décide que, dans ce cas, il devra lui restituer les intérêts, car c'est avec la chose du mandant qu'il les a acquis, et s'il ne les rendait pas, il s'enrichirait à ses dépens. Mais si le mandataire, au lieu de prêter la somme aux risques du mandant, l'a prêtée aux siens propres, il touchera les intérêts, car c'est lui qui court le danger, et il doit en retirer le profit (1).

Le mandataire doit restituer les fruits au mandant comme la chose même et en vertu des mêmes principes : « *Si ex fundo quem mihi emit procurator, fructus consecutùs est, hos quoque officio judicis præstare eum oportet* (2). » Mais si la perception des fruits par le mandataire entraîne contre lui l'obligation de les restituer, elle lui donne le droit de réclamer les impenses qu'il a faites à cette occasion : « *Sumptum quem in fructus percipiendos fecit, deducere eum oportet* (3). »

Il résulte des constitutions 15 et 21, C. *mandati*, que le mandataire était responsable des fautes même légères qu'il commettait dans l'exécution du mandat : « *A procuratore* dolum et omnem culpam, *non etiam improvisum casum præstandum esse juris auctoritate manifestè declaratur.* »

(1) L. 10, § 8, D. mand.
(2) L. 10, § 2, D. mand.
(3) L. 10, § 9, D. mand.

Lorsque plusieurs mandataires ont accepté un mandat relativement au même objet, ils sont solidairement responsables (1).

RESPONSABILITÉ DU MANDANT.

Le mandant doit indemniser le mandataire des suites de sa gestion, c'est-à-dire qu'il doit le faire rentrer dans tous ses déboursés et le relever de toutes les obligations qu'il a pu contracter pour la bonne gestion de l'affaire.

Le mandant doit rembourser au mandataire tout ce que celui-ci a dépensé pour l'exécution du contrat; il doit faire ce remboursement alors même que l'affaire a échoué, pourvu que le mandataire soit sans faute (2), et alors même que le mandant eût pu gérer l'affaire à moins de frais, pourvu que le mandataire ait agi avec bonne foi (3).

Le mandataire a pu prendre des engagements pour l'exécution de l'affaire; il doit en être déchargé, même avant qu'il soit l'objet des poursuites des tiers : par exemple, vous m'avez donné mandat d'acheter

(1) L. 60, § 2, D. mand.
(2) L. 56, § 4, D. mand. L. 4, C. mand.
(3) L. 27, § 4, D. mand.

une terre, et je l'achète ; avant le jour où je dois faire le payement, je puis agir pour que vous assumiez l'obligation que j'ai contractée (1).

La caution, bien qu'étant mandataire du débiteur, ne peut agir contre lui avant d'avoir payé, car elle s'est obligée à payer elle-même et à assumer la condamnation, suite de non-payement. Cependant cette règle reçoit exception lorsque la dette est depuis longtemps échue et que le créancier n'en poursuit pas le payement, ou lorsque la fortune du débiteur est tellement compromise, que la caution ne puisse exercer utilement contre lui son recours (2).

CHAPITRE III.

DES ACTIONS AUXQUELLES DONNE LIEU LE CONTRAT DE MANDAT.

SECTION PREMIÈRE.

ACTION DIRECTE.

L'action directe de mandat protége les droits du mandant et a pour but d'amener l'accomplissement des obligations du mandataire. C'est une action conçue *in jus*, c'est-à-dire une action dont l'*intentio*

(1) L. 45. pr., D. mand.
(2) L. 38, § 1, D. mand.

soulève une question de pur droit civil. Seulement la rigueur du droit est tempérée par l'introduction dans la formule de la mention *ex bonâ fide*, qui permet au juge de prendre en considération la bonne foi et l'équité.

C'est au mandant qu'est donnée l'action directe, qu'il soit maître ou qu'il ne soit pas maître de l'affaire. Ainsi, je vous donne mandat de gérer les affaires de Scius; c'est à moi, et non à Scius, que compétera l'action. Si j'ai reçu mandat de Scius de gérer ses affaires, et qu'à mon tour je vous donne mandat de les gérer, on comprend que j'aie l'action; car, étant tenu de cette gestion, j'ai intérêt à ce qu'elle soit exécutée. Mais, si je suis un simple *negotiorum gestor*, la position n'est plus la même : je n'aurai d'action que du jour où vous aurez entrepris la gestion, car alors seulement j'aurai intérêt à ce qu'elle soit achevée.

L'action directe est donnée contre le mandataire *sui juris;* car, s'il s'agit d'un fils de famille ou d'un esclave, c'est contre le père ou le maître que sera dirigée l'action. Ici interviennent les distinctions ordinaires : si c'est sur l'ordre du père ou du maître que le mandat a été accepté, il y a lieu à l'action *quod jussu;* si c'est, au contraire, sans ordre, le père ou le maître n'est responsable que jusqu'à concurrence du profit qu'il a retiré du mandat; il y a lieu alors à l'action *de in rem verso* ou à l'action *de peculio.*

Lorsque le mandataire est condamné par suite de l'action directe, il est noté d'infamie (1).

ACTION CONTRAIRE.

Ainsi que l'action directe, l'action contraire est une action conçue *in jus* et de bonne foi.

Elle se donne au mandataire ou à celui sous la puissance duquel il se trouve. « *Planè si servus fidejussor solverit, dominum mandati acturum,* » dit Marcellus (2). « *Si filiofamillias mandavi ut pro me solveret, patrem, sive ipse solverit, sive filius ex peculio, mandati acturum,* » dit Neratius (3).

Si le fils de famille s'est porté fidéjusseur sans en avoir reçu l'ordre de son père, ce dernier n'a pas l'action contraire, à moins que le payement n'ait eu lieu sur le pécule (4).

Si c'est seulement après son émancipation que le fils, ayant reçu le mandat de se porter fidéjusseur, a payé, l'action ne peut plus être donnée au père ; il n'a plus d'intérêt, puisqu'à ce moment il n'y a plus de pécule ; elle sera donnée au fils. Mais alors l'action ne pourra plus être conçue *in jus*, le fils deman-

(1) Inst. lib. 4, tit. 16, § 2.
(2) L. 12, § 3, D. mand.
(3) L. 12, § 3, D. mand.
(4) L. 12, § 1, D. mand.

deur ayant eu, dès l'origine de l'affaire en litige, la
qualité d'*alieni juris*. Elle sera conçue *in factum*.
Enfin, si c'est le père qui paye, après l'émancipation
de son fils, il n'a plus fait son affaire, mais celle
d'autrui ; il est un véritable *negotiorum gestor ;* il
aura donc l'action de gestion d'affaires (1).

C'est contre le mandant, maître ou non de l'affaire, qu'est donnée l'action. « *Quum, mandatu alieno,
pro te fidejusserim, non possum adversùs te habere actionem mandati* (2). » Il y a un cas cependant où l'action de mandat pourrait être exercée non-seulement
contre le mandant, mais encore contre le maître de
l'affaire ; c'est celui où, sur l'ordre d'un tiers, je me
suis porté votre fidéjusseur, avec la pensée que je rece-
vais un double mandat, l'un du tiers, l'autre de vous-
même. Dans ce cas, je pourrai agir contre vous comme
si j'avais en effet reçu deux mandat pour la même affaire, ce qui me donnerait deux obligés : « *utrumque
haberem obligatum* (3). »

Lorsque le mandat a été donné par plusieurs, les
comandants sont tenus solidairement : « *Unum ex
mandatoribus in solidum eligi posse, etiamsi non sit
concessum in mandato* (4). »

Le mandataire réclame par l'action contraire non-

(1) L. 12, § 6, D. mand.
(2) L. 21, D mand.
(3) *Ibid.*
(4) L. 39, § 3, D. mand.

seulement les déboursés faits pour l'affaire principale, mais encore les déboursés accessoires (1).

L'action contraire n'entraîne pas la note d'infamie
contre le mandant qui est condamné. Il est cependant un cas où il en est autrement : c'est celui où
le mandant est condamné pour avoir refusé de restituer au fidéjusseur la dette que celui-ci a acquittée
pour lui (2).

CHAPITRE IV.

DES RAPPORTS QUE LE MANDAT ÉTABLIT ENTRE LE MANDANT ET LES TIERS.

Nous savons qu'il était de principe, en droit romain, que le mandat n'établissait aucun rapport direct entre le mandant et les tiers qui avaient contracté avec le mandataire ; en matière de contrats,
le droit romain n'admettait pas la représentation
per extraneam personam : le mandataire contractait
en son propre nom ; les tiers s'obligeaient envers
lui comme il s'obligeait personnellement envers eux ;
de là la nécessité pour le mandataire de céder les
actions au mandant, et pour le mandant l'obligation
de libérer le mandataire.

Cependant il y a des cas où l'obligation person-

(1) L. 15, § 6, D. mand.
2) L. 6, § 5, D. de his qui not. inf.

nellement contractée par le mandataire atteint le mandant de telle façon que les tiers peuvent l'actionner directement. L'action qui, du chef d'un engagement pris par le mandataire, vient ainsi se réfléchir sur le mandant, prend alors la qualification accessoire (*adjectitia qualitas*) d'*exercitoria* ou d'*institoria actio*. L'action *exercitoria* est ainsi appelée, parce qu'elle est donnée contre l'armateur, *exercitor navis*, qui est obligé par le contrat de son capitaine; du *magister navis*. L'action *institoria* prend son nom de l'*institor*, ou commis préposé à un commerce, dont les engagements obligeaient le préposant.

Ces actions ont été introduites par le préteur, afin de favoriser le commerce, en donnant une garantie à des engagements qui auraient pu tromper la confiance des tiers, si ces derniers n'avaient eu aucun recours contre l'*exercitor* ou le préposant. Elles furent étendues ensuite à toute espèce de mandat. Ainsi, lorsque j'ai donné mandat de vendre, l'action *ex empto*, qui compète à l'acheteur, peut être intentée contre moi *utili actione, ad exemplum institoriæ actionis*, dit la loi 13, § 25, *de act. empti et vend*.

Ce principe étant généralement admis que l'action acquise aux tiers contre le mandataire se réfléchit contre le mandant, on en est venu à admettre, par réciprocité, que l'action acquise par le mandataire contre les tiers pourrait être intentée utilement par le mandant. C'est pourquoi la même loi 13, § 25, décide que l'action *venditi* acquise par le mandataire peut être utilement intentée par le mandant contre l'acheteur.

La représentation d'une personne par une autre n'a donc pas été complétement étrangère au droit romain. Cette représentation avait lieu non-seulement en matière de contrats, mais encore relativement à la possession. La propriété était bien restée soumise à la rigueur des principes, mais il en était autrement de la possession. Elle pouvait s'acquérir par *extraneam personam ;* car la possession n'est, en définitive, qu'un fait qui se plie plus aisément que le droit : « *Animo nostro, corpore etiam alieno possidemus* (1). » De cette possession acquise ainsi par procureur à l'acquisition de la propriété, mais toujours en passant par cette voie, il n'y avait qu'un pas. En effet, les Instituts nous disent que cette possession conduit à la propriété, si celui qui a livré était propriétaire, ou bien, s'il ne l'était pas, à l'usucapion ou à la prescription de long temps. Seulement les délais de l'usucapion ne commençaient à courir que du jour où le maître avait connaissance de la livraison de la chose ; lorsqu'au contraire la chose avait été livrée par le propriétaire, le procureur acquérait au mandant, même à

---

(1) Paul. Sent. l. V, t. II, § 1.

l'insu de ce dernier, le fait de la puissance sur la chose, le droit de possession, et, comme conséquence de cette possession, le droit de propriété.

CHAPITRE V.

COMMENT FINIT LE MANDAT.

Il y a quatre causes spéciales d'extinction du mandat : 1° la mort du mandant ; 2° la mort du mandataire ; 3° la révocation du mandataire ; 4° la renonciation du mandataire.

La mort fait cesser la volonté de celui qui a donné l'ordre et de celui qui était chargé de l'exécuter, et, comme tout contrat qui a besoin pour subsister d'une volonté permanente, le mandat cesse d'exister avec elle.

Si la mort du mandant survient *rebus integris*, sans qu'il y ait eu exécution du mandat, le contrat est censé n'avoir jamais existé. Mais, comme le dit Julien, il se peut que, le contrat dissous, l'obligation du mandant subsiste encore : « *Mandatoris morte solvi mandatum, sed obligationem aliquando durare* (1). » C'est ce qui aura lieu si la mort du mandant survient au milieu de l'exécution ; ses héritiers sont tenus du passé ; et même pour l'avenir, au cas où le mandataire, ignorant la mort du man-

(1) L. 26 pr., D. mand.

dant, aurait commencé ou continué à exécuter le
mandat, les ayants cause du mandant devraient res-
pecter les actes du mandataire.

Enfin nous savons qu'il peut arriver que le mandat ne doive être exécuté qu'après la mort du mandant : tel est le cas où Titius donne mandat à Mævius
de lui élever un tombeau. Dans ce cas, le mandataire pourra réclamer à l'héritier du mandant le
montant de ses déboursés, et celui-ci aura le droit
de poursuivre l'exécution du mandat

Lorsque le mandataire vient à mourir, le mandat n'est pas seulement éteint parce qu'une volonté
disparaît, mais parce qu'une certaine capacité spéciale s'évanouit. C'était cette capacité qui avait
motivé le choix du mandant; il est naturel que,
cette garantie disparaissant, le mandant ne soit pas
tenu de transmettre à des héritiers, souvent incapables, la confiance qu'il avait accordée au mandataire décédé. Aussi, dans tous les cas où la chose
serait encore *integra*, tout ce que feraient les héritiers du mandataire, fût-ce par erreur, ne saurait
lier le mandant. Lorsque la chose n'est pas *integra*,
les héritiers du mandataire doivent seulement faire
les actes conservatoires pour lesquels il y a urgence.

Le mandant peut révoquer le mandataire et faire
cesser ainsi le mandat; le mandant ne peut être forcé,
en effet, de continuer malgré lui les relations d'a-
mitié et les habitudes de confiance qui l'attachaient
au mandataire; ce serait violer le principe essentiel

du mandat : « *Originem ex officio atque amicitid trahit.* »

Lorsque le mandant révoque le mandataire, il n'est tenu que de lui rembourser les frais qu'il a faits pour l'exécution du mandat, et de le dégager des obligations qu'il a contractées. Si la révocation intervient *rebus integris*, le mandat est censé n'avoir pas existé.

Si le mandataire a accompli le mandat en ignorant sa révocation, le mandant est obligé par cette exécution (1).

Il est une sorte de mandataire que l'on ne peut pas révoquer : c'est l'*adjectus solutionis gratid.* Je stipule de vous une somme d'argent, et j'introduis dans la stipulation la personne de Seius ; je dis : « *Mihi aut Seio dare spondes?* » Le payement pourra être fait à Seius, qui est à mon égard un véritable mandataire, et je ne pourrai pas, en le révoquant, vous empêcher de lui faire ce payement, car c'est un droit qui vous est acquis par suite d'une clause expresse de la stipulation (2).

Le mandataire, ne faisant que rendre un service, peut renoncer à son mandat, pourvu que ce ne soit pas au préjudice du mandant, pourvu que la chose soit encore *integra.* On dit que la *res* est *integra*, lorsque, les circonstances étant restées les mêmes, le

(1) L. 15, D. mand.
(2) L. 12, §§ 2 et 3, et L. 106, D. de sol. et liber.

mandant peut encore, soit par lui-même, soit par un tiers, exécuter la chose objet du mandat au moment où la renonciation lui parvient. Il est cependant certains cas où le mandataire est déchargé, alors même que sa renonciation a causé un préjudice au mandant. Parmi les motifs légitimes de renonciation dans ces circonstances, on peut citer une maladie grave du mandataire, une inimitié capitale survenue entre le mandant et lui, l'insolvabilité du débiteur, si le mandat a pour but de poursuivre un recouvrement, l'insolvabilité du mandant ou toute autre juste cause (1).

(1) L. 23, 24, 25, D. mand.

DU MANDAT.

═══❦═══

DROIT FRANÇAIS.

─────

(C. N., LIVRE III, TITRE XIII.)

> « Le mandat est un échange de confiance
> et de bienfaisance qui a lieu entre les
> deux contractants. »
> (Paroles du tribun BERTRAND DE
> GREUILLE, au Corps législatif.)

INTRODUCTION.

Nous avons étudié le mandat en droit romain ;
nous avons vu que, dans le droit primitif, ce contrat
étoit inconnu, un citoyen ne pouvant se faire représenter par un autre dans les actes de la vie civile.
Peu à peu on se relâcha de la rigueur de ces principes ; le mandat fut considéré comme une convention
susceptible de produire un lien de droit, et la pro-
messe officieuse du mandataire parut devoir être
placée sous l'autorité des lois. Mais le mandataire
ne représentait pas véritablement le mandant ; il
traitait en son propre nom avec les tiers, et trans-

4

mettait ensuite au mandant le résultat de l'opération.
Ce n'est que plus tard, et par un progrès assez lent
dans la jurisprudence, qu'au moyen des actions utiles
le mandant fut lié directement envers les tiers par les
actes de son mandataire, et eut lui-même contre eux
une action directe dans certains cas.

Le mandat était trop nécessaire pour qu'il ne se
développât pas de plus en plus ; aussi, dans l'ancienne jurisprudence, loin de retomber dans les en-
traves où l'avait resserré le formalisme du droit
romain, il fut d'un usage fréquent et libre ; on l'ap-
pliqua même à des matières dans lesquelles il semble
ne pouvoir intervenir raisonnablement : c'est ainsi
que l'on se battait en duel par procureur.

Les législateurs du Code Napoléon ont posé les
règles du mandat dans le titre XIII du troisième
livre. Ils définissent « le mandat ou procuration,
un acte par lequel une personne donne à une
» autre le pouvoir de faire quelque chose pour le
» mandant et en son nom. — Le contrat, ajoutent-
» ils, ne se forme que par l'acceptation du manda-
» taire (art. 1984 C. N.). »

On voit, d'après cette définition, que le mot *mandat* a deux sens : il signifie d'abord l'ordre d'agir que
le mandant donne au mandataire ; il est alors syno-
nyme de procuration, et c'est dans cette acception
qu'il est pris dans la première partie de l'art. 1984.
En second lieu, le mot *mandat* désigne le contrat qui
se forme entre celui qui donne la procuration et

celui qui l'accepte : cette acceptation est nécessaire pour que le contrat se forme, comme il est dit à la fin de l'article 1984. Ainsi la procuration est un acte unilatéral, qui existe avant l'acceptation du mandataire, qui est un acheminement au contrat, lequel n'est formé que par cette acceptation. On pourrait donc définir le contrat de mandat : *une procuration acceptée*. Cette procuration acceptée oblige le mandataire à accomplir le mandat : avant l'acceptation, il avait la faculté de l'accomplir ; après l'acceptation, cette faculté s'est transformée en obligation : le mandataire est tenu, par suite, de l'engagement qu'il a contracté. Ceci ne résulte pas d'une manière manifeste des termes de l'article 1984, dont la définition laisse à désirer sous ce rapport ; mais l'omission que l'on peut regretter dans cet article se trouve réparée par l'article 1991, qui enlève au mandataire la faculté de répudier le mandat en tout état de cause.

On peut définir le mandat en disant que c'est un contrat consensuel et imparfaitement synallagmatique, par lequel une personne confie la gestion d'une ou plusieurs affaires, pour la faire en sa place et à ses risques, à une autre personne qui s'en charge gratuitement ou moyennant un honoraire, pour agir soit en son nom, soit au nom du mandant, et s'oblige à en rendre compte à ce dernier. Nous reviendrons sur les termes de cette définition en examinant quels sont les caractères du contrat de mandat ; mais nous dirons, dès à présent, qu'elle nous

semble plus complète et plus exacte que celle du
Code. En effet, l'article 1984 dit que le mandataire
agit au nom du mandant. Ceci n'est pas toujours
vrai ; il arrive fréquemment que le mandataire agit
en son propre nom, comme cela se pratiquait en
droit romain ; seulement les idées des Romains sur
le mandat n'ont pas complétement passé dans notre
droit, et le mandataire peut aussi agir au nom du
mandant : voilà ce qu'a voulu dire l'article 1984, et
ce serait l'interpréter d'une manière erronée que de
croire qu'il a voulu réduire le mandataire à un rôle
toujours représentatif. Mais, que le mandataire agisse
en son nom ou qu'il agisse au nom du mandant, il
agit toujours à la place de ce dernier, et, par conséquent, l'opération est toujours aux risques du mandant, ce que ne dit pas et ce qu'aurait dû dire l'article 1984. Le Code ne parle pas non plus, dans sa définition, de la gratuité du mandat, ni de l'obligation
pour le mandataire de rendre compte de sa gestion,
qui sont deux caractères importants de ce contrat.

On ne doit pas confondre le mandat avec la simple recommandation : mander et recommander sont
deux choses différentes, et, lorsqu'on recommande
une personne, on ne donne pas, par cela seul, mandat de pourvoir à ses besoins. Souvent il sera assez
difficile de distinguer si l'on a donné un mandat ou
si l'on a fait une simple recommandation ; la distinction est importante, car, dans le premier cas, il y
aura lieu à action en justice, tandis que celui qui

aura recommandé à la légère un homme indigne de
confiance n'aura fait qu'encourir une responsabilité
morale.

> Qualem commendes etiam atque etiam adspice, ne mox
> Incutiant aliena tibi peccata pudorem (1).

Dans le doute, on doit interpréter l'acte dans le
sens d'une recommandation et écarter le mandat (2).

Le mandat a souvent beaucoup d'analogie avec la
fidéjussion, et nous avons vu, en droit romain, que
les textes rapprochent continuellement les mandants
qui intercèdent pour autrui et les fidéjusseurs. La
question de savoir si l'on s'est obligé comme mandant
ou comme caution devra être décidée d'après les
circonstances du fait : le bénéfice de discussion, que
le fidéjusseur peut réclamer lorsqu'il est poursuivi
par le créancier, ne saurait être invoqué par le mandant.

Le mandat a des points de contact avec le dépôt :
ainsi, comme le dépôt, il est généralement un acte
de confiance et d'amitié, et il est aussi le plus souvent gratuit. Mais ces deux contrats ont entre eux
des différences caractéristiques : le dépôt est un
contrat réel, tandis que le mandat se forme par le
seul consentement des parties ; le dépôt n'oblige que
rarement le dépositaire à faire quelque chose, tandis
qu'au contraire le mandataire contracte l'obligation
d'agir.

(1) Horace, 1, Epist. 18.
(2) L. 13, C. quod cum eo.

Le mandat a aussi quelque affinité avec le contrat de société, alors surtout qu'il est donné dans l'intérêt du mandant et du mandataire. Mais il en diffère toujours en ce que la société est un contrat synallagmatique parfait, tandis que le mandat est un contrat synallagmatique imparfait, et aussi en ce que la société suppose une ou plusieurs opérations dans un intérêt commun, avec part proportionnelle dans les pertes comme dans les bénéfices, circonstances qui peuvent ne pas se retrouver dans le mandat, alors même qu'il intéresse à la fois le mandant et le mandataire.

Le louage d'ouvrage a les plus grands rapports avec le mandat : dans l'un et l'autre contrat, l'une des parties s'engage à faire quelque chose pour l'autre, et met ainsi son travail au service de celle-ci ; mais le trait caractéristique qui les distingue est le prix, qui est un des éléments essentiels du louage et qui, au contraire, est essentiellement absent du mandat, en telle sorte qu'il ne pourrait intervenir dans ce dernier contrat sans le dénaturer. C'est ce que nous verrons avec plus de détail en étudiant le caractère de gratuité du mandat.

Le prête-nom est un mandataire d'une espèce particulière, qui ne doit pas être confondu avec le mandataire ordinaire : il est bien vrai qu'il reste, vis-à-vis de son commettant, dans les rapports de mandataire à mandant ; mais, étant revêtu d'un titre apparent qui lui donne, dans ses rapports avec les tiers, tous les droits du propriétaire, il agit en

maître, et il en résulte que ce mandat lie le mandant d'une manière plus étroite, et lui interdit de
critiquer les actes par lesquels le prête-nom s'est
engagé avec les tiers.

Nous avons vu les rapports qui existaient entre
le mandat et certains contrats. Mais le mandat
diffère essentiellement de la gestion d'affaires, *negotiorum gestio*, qui n'est qu'un quasi-contrat. Le
mandat suppose un consentement exprès ou tacite,
donné réciproquement, duquel découle un contrat
synallagmatique ; dans le quasi-contrat de gestion
d'affaires, au contraire, le consentement réciproque
n'existe pas : ce genre d'agissement n'a lieu que
lorsqu'une personne, voyant qu'un tiers a intérêt
à tel acte, se décide à faire cet acte à l'insu de ce
tiers, et sur l'assurance que la loi approuvera ce
fait d'intervention et y verra, d'après la règle que
nul ne doit s'enrichir aux dépens d'autrui, la source
d'une obligation à laquelle sera tenu celui dont
l'affaire aura été gérée. Ainsi, point de quasi-contrat *negotiorum gestorum*, s'il y a consentement exprès ou tacite sur l'affaire à gérer : si ce consentement a été donné par celui qui est intéressé à la
gestion, c'est un mandat.

Le mandat se présente à l'attention du jurisconsulte sous des faces fort variées et des combinaisons
diverses. Il existe non-seulement dans les rapports
de la vie privée, mais encore dans les fonctions
publiques, qui sont une délégation d'une partie du

pouvoir suprême. Dans le droit civil, on le trouve dans les fonctions des tuteurs, des curateurs, des envoyés en possession provisoire, des exécuteurs testamentaires, des arbitres, des gérants, des liquidateurs de société. Dans le droit commercial, le mandat est particulièrement connu sous le nom de commission, et est soumis à certaines règles spéciales; les syndics des faillites, agents d'affaires, courtiers, etc., sont aussi des sortes de mandataires. Nous n'étudierons pas ici le mandat dans ces ramifications diverses et infinies; nous voulons seulement l'examiner à son état simple, et borner notre étude aux règles qui ont été édictées par les législateurs du Code Napoléon. Nous allons commencer, en nous reportant à la définition que nous avons déjà donnée, par voir ce qui caractérise le contrat de mandat.

CHAPITRE PREMIER.

DE LA NATURE ET DE LA FORME DU MANDAT.

SECTION PREMIÈRE.

CARACTÈRES DU MANDAT.

Nous avons dit que le mandat appartient à la classe des contrats consensuels, qu'il n'est pas du nombre des contrats qui, comme le dépôt, exigent la tradi-

tion d'une chose : aussitôt que la volonté du mandant et celle du mandataire se sont rencontrées, le
contrat est parfait ; le mandataire s'oblige à tous les
devoirs énumérés dans les art. 1991 et suivants, et le
mandant se soumet à ceux des art. 1998 et suivants.

Le mandat est aussi, avons-nous ajouté, un contrat synallagmatique imparfait. Il n'y a, en effet,
qu'une obligation qui soit la conséquence directe et
forcée du contrat : l'obligation pour le mandataire
de se charger de l'affaire qui fait l'objet du mandat,
et d'en rendre compte ; c'est pourquoi les Romains
appelaient cette obligation *obligatio mandati directa*.
Quant à l'obligation pour le mandant d'indemniser
le mandataire des suites du mandat, elle n'est qu'in-
directe, *obligatio mandati contraria :* elle ne naît
que *ex postfacto*, et, à la différence de l'action directe, elle ne résulte point d'une manière nécessaire
et inévitable du contrat ; car si le mandataire n'a
rien déboursé et qu'il ne lui ait été promis aucun
honoraire, le mandant est exempt de toute obligation.

Le mandat, pour être valable, doit intervenir à
l'occasion d'une chose qui n'est pas encore faite :
ainsi, si l'affaire au sujet de laquelle je vous avais
donné mandat de prêter une somme d'argent à un
tiers est terminée, mon mandat ne produira aucune
obligation, parce qu'il est sans cause. Cependant
celui qui a été chargé du mandat de faire une chose
qui se trouvait déjà faite, aura une action pour répé-

ter les dépenses qu'il aura faites de bonne foi à cette
occasion ; mais ce ne sera pas, à proprement parler,
une action de mandat, puisque le contrat n'était pas
valable ; ce sera simplement une action *in factum*,
résultant des dépenses faites d'après la volonté de
celui qui avait donné la commission.

L'affaire confiée au mandataire doit être licite.
Nous avons vu que c'était une des conditions essen-
tielles de la validité du mandat en droit romain, et
le législateur du Code Napoléon, qui a proclamé au
frontispice de son œuvre que tout ce qui répugne à
l'honnêteté ne produit aucun lien de droit (1), ne
pouvait s'écarter de ces principes, lorsqu'il s'agit
d'un contrat éminemment moral. La loi ne prêtera
donc pas son appui à l'exécution d'un mandat donné
dans un but déshonnête : tels seraient les mandats
par lesquels on chargerait une personne de faire la
contrebande, de se livrer à des opérations de bourse
prohibées, de faire la traite des noirs. Remarquons,
toutefois, que l'action n'est refusée au mandataire
qu'autant qu'il a été de mauvaise foi en acceptant le
mandat, c'est-à-dire lorsqu'il a connu l'action illicite dont il se rendait le complice.

Le mandat doit avoir pour objet quelque chose
qui ne soit pas entièrement incertain ; car, dans une
pareille hypothèse, le mandataire ne peut savoir ce
qu'il doit faire. Mais il suffit que l'objet du mandat

(1) Art. 6 C. N. — V. aussi les art. 1108 et 1131 C. N.

puisse être certain d'après les circonstances, pour que le contrat soit valable; comme il arrive lorsque, par exemple, voulant faire un cadeau à l'un de mes amis, je vous charge d'acheter, dans cette intention, un objet d'art.

Le mandat doit avoir pour objet une chose de telle nature que le mandant soit censé la faire lui-même par l'entremise de son mandataire. Il est plusieurs cas cependant où le mandataire est institué pour faire ce que le mandant ne pourrait faire en personne : tels sont les mandats confiés à un avoué pour nous représenter en justice, à un huissier pour faire un acte de son ministère; dans ces différents cas, c'est la loi qui oblige à se servir d'un mandataire, parce qu'il faut une capacité spéciale pour accomplir les actes dont il s'agit. Mais notre règle n'en reste pas moins vraie dans les circonstances ordinaires, et il en résulte que le mandataire ne peut faire une chose que la loi interdit au mandant de faire; que, par exemple, on ne pourrait donner mandat d'acheter une chose dont on est déjà propriétaire, *quia rei suæ emptio non valet.* Si un semblable mandat avait été donné, et si le mandataire ignorait que la chose qu'on l'avait chargé d'acheter appartenait au mandant, il devrait être indemnisé par ce dernier, lorsqu'il aurait exécuté l'ordre reçu, sauf recours du mandant contre le tiers qui aurait reçu indûment le prix d'une chose qui ne lui appartenait pas.

Il faut aussi que le mandat ait pour objet une chose de nature à pouvoir être faite par le mandataire. Autrement, dit Pothier, le mandat est *nugatorium et derisorium* et ne produit aucune obligation. « Par exemple, ajoute le même auteur, si j'ai donné commission à un docteur agrégé, qu'un catarrhe sur la langue a privé entièrement de l'usage de la parole, de faire pour moi mes leçons aux écoles, quoiqu'il m'ait répondu par signes qu'il se chargeait de la commission, un tel mandat est nul et ne produit aucune obligation, parce que l'affaire qui en est la matière est une affaire qu'il est impossible, *per rerum naturam*, que le mandataire fasse. »

L'achat de la propre chose du mandataire ne peut pas non plus être la matière d'un contrat de mandat, car le mandataire jouerait à la fois le rôle de vendeur et d'acheteur, ce qui ne peut avoir lieu. — Je ne puis davantage donner mandat à une personne de vendre sa propre chose. Si l'immeuble que je croyais m'appartenir, et qui appartenait à mon mandataire, a été vendu par suite de cette erreur, mon mandataire sera recevable à la revendiquer, sauf à l'acheteur son action en garantie contre moi : c'est, en effet, en mon nom que le contrat a eu lieu, c'est moi qui suis censé avoir traité ; il n'en sera donc pas ici comme en droit romain, où le mandataire, ayant agi en son nom, serait repoussé par l'exception *rei venditæ et traditæ*. Si, au lieu d'un immeuble, il s'agissait d'un objet mobilier dont l'acheteur aurait été mis en possession, comme chez nous en fait de meubles la possession vaut titre (art. 2279 C. N.), le mandataire ne pourrait pas le revendiquer, mais il aurait son recours contre le mandant.

Lorsque nous disons que la chose doit être de nature à pouvoir être faite par le mandataire, nous ne voulons pas dire par là que le mandat sera nul, lorsque le mandataire n'aura pu l'exécuter par manque d'habileté; ce manque d'habileté n'est point considéré comme une incapacité qui puisse vicier le contrat; c'est la faute du mandataire de n'avoir pas consulté ses forces. Il suffit, pour que le mandat soit valable, que le mandant ait pu raisonnablement supposer que le mandataire avait le pouvoir de faire la chose dont il se chargeait.

L'affaire objet du mandat ne doit pas concerner les seuls intérêts du mandataire : nous avons vu, dans le droit romain, que le mandat donné dans de pareilles conditions ne serait pas véritablement un mandat, mais qu'il devrait être considéré plutôt comme un conseil, qui n'engendre aucune obligation. Nous dirons la même chose en droit français, et nous ajouterons, avec Pothier, que l'affaire concernant l'intérêt du mandataire peut être l'objet d'un mandat, pourvu qu'elle concerne aussi l'intérêt d'un autre, soit du mandant, soit d'un tiers, car cela suffit pour que le mandataire qui s'en est chargé puisse contracter l'obligation d'en rendre compte, tandis qu'il est impossible de l'obliger à rendre compte d'une affaire à laquelle il est seul intéressé.

Il nous reste à étudier un des caractères les plus importants du contrat de mandat, le caractère de gratuité.

SECTION II.

DE LA GRATUITÉ DU MANDAT.

Nous avons vu, en droit romain, que la gratuité était de l'essence du mandat ; aussitôt qu'un salaire était convenu, le contrat dégénérait en louage ou en contrat innommé, suivant les circonstances ; cependant on pouvait témoigner sa reconnaissance au mandataire en lui donnant un honoraire et cette rémunération ne changeait pas la nature du contrat : c'est ce qui avait lieu surtout dans les professions libérales. La même doctrine était suivie dans notre ancienne jurisprudence.

Aux termes de l'article 1986 du Code Napoléon, « le mandat est gratuit, s'il n'y a convention contraire. » — « Le Code imprime ainsi à ce contrat, disait le tribun Tarrible, le beau caractère du désintéressement et de la générosité ; la loi civile, toujours respectable, semble devenir plus touchante, lorsqu'on la voit féconder dans le cœur des citoyens les sentiments officieux qui les portent à se rendre mutuellement des services gratuits, et les ennoblir en traçant les règles qui doivent les diriger. »

D'après le Code le mandat est donc gratuit par sa

nature ; mais il ne l'est pas, comme en droit romain, par son essence ; la convention des parties peut assurer au mandataire une récompense, et rien n'est plus légitime. « Certaines affaires, disait le tribun Bertrand de Greuille au Corps législatif, n'exigent-elles pas des soins si prolongés et si assidus, et un développement de moyens tels que l'ami le plus désintéressé ne puisse s'en charger sans rétribution ? Et lorsque l'affection est encore la cause première et déterminante du bon office qu'il consent à rendre, voudrait-on humilier sa personne, dégrader ses services, en les rangeant dans la classe de ceux qu'on reçoit des mercenaires ou d'autres salariés ? Non, sans doute ! Le dévoûment, le zèle de l'amitié sont quelque chose d'inappréciable, et c'est le cœur, et non l'argent, qui peut acquitter la dette de la reconnaissance. »

Lorsque le mandat est salarié, en .quoi se distingue-t-il du louage d'ouvrage et d'industrie, qui est un contrat par lequel l'une des parties s'engage à faire quelque chose moyennant un prix (1) ? Pour résoudre cette difficulté, nous ferons remarquer tout d'abord que la différence entre le louage et le mandat ne se tire pas, comme l'ont cru quelques auteurs, de ce que, dans le mandat, le mandataire agirait au nom et comme représentant du mandant à l'égard des tiers, tandis que, dans le louage, le travail se ferait

(1) Art. 1710 C. N.

par l'ouvrier, non pas au nom et à la place du maître, mais seulement pour son compte et sans représentation à l'égard des tiers. Il est certain en effet
que, dans une foule de cas, il y a louage d'ouvrage,
bien que les travaux soient faits au nom du maître
par quelqu'un qui le représente, et que, réciproquement, d'autres travaux doivent être rattachés au mandat, bien que le mandataire ne soit pas chargé d'a-
gir au nom du mandant et en le représentant à l'égard
des tiers. Ce n'est donc pas dans le rôle du mandataire et de l'ouvrier que se trouve la différence entre
le mandat et le louage d'ouvrage. Pour distinguer ces
deux contrats, on doit s'attacher à deux circonstances
importantes : le prix et la qualité des faits que l'une
des parties doit accomplir.

Le prix est essentiel dans le louage, et le prix doit
être en rapport avec la valeur du travail. Dans le
mandat, au contraire, alors même que le mandant
reconnaît, par une récompense, le service qui lui a
été rendu, cette récompense ne saurait être assimilée
au prix vénal d'une chose qui s'achète. Le mandat
n'est pas un contrat purement pécuniaire ; il y entre
un élément immatériel que l'on ne saurait retrouver
dans le louage, et le mandant, même après avoir
donné de l'argent au mandataire, se considère encore
comme son obligé et lui doit la reconnaissance que
l'on ne croit pas devoir à celui dont on a loué seulement le travail manuel. « Le louage est donc un de
ces contrats que l'on paye avec de l'argent, dit

M. Troplong ; le mandat est de ceux dont l'argent ne
peut pas offrir l'équivalent ; car le mobile qui l'a
produit est plus noble et plus haut placé que tout l'or
des capitalistes. Telle est la théorie du droit romain
et de ses interprètes. Théorie juste et profonde ; car
elle prend sa source dans un départ délicat entre
deux des grands mobiles auxquels obéit l'humanité,
à savoir : l'intérêt et la sympathie ; théorie admirable,
surtout parce qu'elle tient compte des vertus désin-
téressées que la philosophie spiritualiste aperçoit
dans le cœur de l'homme (1). »

Mais ce n'est pas seulement le prix qui fait la différence entre le mandat et le louage ; il y a aussi la
qualité même des faits à considérer, circonstance qui
se lie intimement à la première. Tous les faits de
l'homme peuvent être l'objet d'un mandat, quand
ils sont licites ; mais il y a des faits qui, bien que
licites, ne peuvent pas entrer en louage, ne peuvent
pas être estimés à prix d'argent. Il y a donc une distinction à faire entre les divers travaux dont s'occupe l'activité humaine ; et cette distinction n'est autre que celle qui a été faite, dans tous les temps,
entre les arts mécaniques et les professions libérales. Ceux qui exercent ces professions libérales
reçoivent des honoraires que l'on ne saurait confondre avec le prix de la journée d'un mercenaire.
L'avocat, le médecin, le professeur ne se proposent

(1) Troplong, Du louage, n° 794.

5

pas pour but de gagner quelques pièces de monnaie ;
plus noble est l'esprit de leur profession; les services
qu'ils rendent ne se payent pas par une indemnité
égale à leur mérite. « Il y a un lot pour chaque profession, disait Montesquieu (1) : le lot de ceux qui
lèvent les tributs et les richesses, et les récompenses
de ces richesses sont les richesses mêmes. Le respect
et la considération sont pour les ministres et les ma-
gistrats qui, ne trouvant que le travail après le travail, veillent jour et nuit pour le bonheur de l'em-
pire. »

Ce n'est donc pas seulement par une somme d'argent que l'on reconnaîtra le service rendu par le
médecin qui vous a sauvé la vie, par l'avocat qui a
sauvé votre fortune, par le professeur qui a formé
votre intelligence. Pothier a parfaitement exprimé
la différence qui existe entre cet honoraire qu'il
appelle récompense, et ce qu'on appelle le prix.
« Observez, dit-il (2), la différence entre les récompenses et le loyer d'un service. Lorsque j'ai payé
ce loyer, je suis entièrement quitte envers celui qui
me l'a rendu ; je ne lui dois ni remercîments ni
reconnaissance. Mais, quoique j'aie payé la récompense qui est due par l'usage, pour des services qui
dépendent d'une profession libérale, tels que sont
ceux d'un médecin, cette récompense que j'ai payée
n'étant pas le prix de ses services qui sont inestima-

(1) Esprit des lois, liv. 13, ch. 20.
(2) Pothier, Du mandat, no 27.

bles, elle ne m'acquitte pas envers celui qui me les
a rendus, de la reconnaissance que je lui dois pour
ces services. On peut aussi quelquefois devoir de la
reconnaissance à des personnes qui nous ont rendu
des services appréciables à prix d'argent, dont nous
avons payé le loyer : tels que sont ceux qui nous ont
été rendus par des domestiques et des serviteurs qui
ont été longtemps à notre service; mais la reconnaissance qui est due à ces personnes ne leur est pas
tant due pour leurs services que pour l'affection avec
laquelle ils nous les ont rendus et pour l'attache-
ment qu'ils ont témoigné avoir pour notre personne;
au lieu que la reconnaissance que je dois à un médecin ou autre semblable personne, est due pour leurs
services considérés en eux-mêmes, *in se*, lesquels ne
peuvent pas être censés payés par la récompense
ordinaire que j'ai donnée à celui qui me les a rendus, cette récompense n'étant pas le prix de ses
services, qui sont de leur nature quelque chose
d'inestimable. »

Le mandat salarié ne saurait donc être confondu
avec le louage d'ouvrage. Les conséquences de cette
distinction sont importantes : ainsi, lorsque le mandat est donné par plusieurs mandants pour une
affaire commune, chacun est tenu solidairement
envers le mandataire pour les effets du mandat (1). Il
n'en est pas de même lorsqu'il s'agit d'un louage de

(1) Art. 2002 C. N.

services. De plus, le louage d'industrie est dissous par la mort de l'ouvrier (1), mais celle du maître le laisse subsister ; le mandat salarié finit, au contraire, par la mort de l'une ou de l'autre des parties (2). Enfin le mandataire peut se désister sans être tenu de dommages-intérêts, pourvu que les choses soient entières, tandis que l'ouvrier ne peut pas, par sa seule volonté, révoquer le marché.

Dans les matières commerciales, le mandat est le plus ordinairement salarié ; mais il n'est pas vrai de dire pour cela qu'il dégénère en louage d'ouvrage, car le commerce, au milieu des tendances intéressées qui lui sont propres, ne reste pas étranger à des rapports de confiance et d'amitié. Il y a même des cas où l'on trouve, dans le commerce, des mandats complétement gratuits; mais c'est là une dérogation aux habitudes commerciales qui ne doit pas se supposer facilement, car le mandat, en matière de commerce, est présumé salarié, à l'inverse du mandat civil.

Il est des professions pour lesquelles un usage constant, équivalant à la convention, rend le mandat salarié et fixe le montant de l'honoraire. Ainsi un avoué, un notaire, un huissier, un agent de change n'ont pas besoin de convenir qu'un salaire leur sera attribué ; le mandat qu'on leur confie est

(1) Art. 1795 C. N.
(2) Art. 2003 C. N.

un mandat salarié, alors même qu'aucune convention expresse n'a été faite pour le rendre tel.

Nous verrons, lorsque nous traiterons des obligations du mandant, que le salaire convenu expressément ou tacitement est dû au mandataire, alors même que l'affaire dont il a été chargé n'aurait pas réussi : le mandataire ayant fait ce dont il était capable, cela suffit pour que son honoraire lui soit acquis. Cependant les parties pourraient convenir que le salaire ne serait dû qu'en cas de succès : une telle convention n'aurait rien d'illicite.

SECTION III.

DE LA FORME ET DE LA PREUVE DU MANDAT.

Nous avons dit que le mandat est un contrat consensuel : de quelque manière que le consentement des parties soit exprimé, aussitôt que leur volonté a été manifestée clairement et sans équivoque, le contrat est formé. Il n'y a pas de formes ni de termes solennels exigés pour la validité du mandat ; il se donne soit par acte public, soit par acte sous seing privé, soit verbalement, soit même d'une manière tacite.

Lorsque le mandat est donné par acte authentique, il n'est pas nécessaire, en général, qu'il en soit gardé minute : il peut être délivré en brevet, et alors le notaire remet à la partie l'original de la procuration, sans en conserver d'autre titre que la mention sur son répertoire. Cependant la loi exige quelquefois que la procuration soit donnée en minute, comme au cas d'acceptation d'une donation (art. 933 C. N.).

Il arrive souvent que le notaire délivre les procurations en blanc, c'est-à-dire sans que le nom du mandataire soit rempli. Celui qui reçoit une procuration en blanc doit être considéré comme mandataire; et, s'il ne veut pas se charger de la procuration, il peut se substituer un tiers.

Le mandat peut aussi être donné sous signature privée, et il est fait alors dans telle forme qu'il plaît au mandant; il peut, par exemple, être donné par lettre missive : dans ce cas, le contrat sera formé aussitôt que le mandataire aura reçu la lettre et accepté la commission. Il arrive souvent, dans le commerce, que le mandat se donne par suite d'une provocation du commissionnaire qui vient offrir ses services, et la même chose peut se présenter en droit civil ; dans ce cas, le contrat de mandat n'est formé que lorsque le commissionnaire a reçu avis que ses offres ont été acceptées.

Le mandat sous seing privé n'a pas besoin, pour être valable, d'être fait en double original, comme l'exige l'art. 1325 pour les actes parfaitement synallagmatiques. Nous savons, en effet, que le mandat ne peut pas être rangé dans la classe de ces contrats.

Les procurations sous seing privé sont fort usuelles ; cependant il est des cas où elles ne sont pas suffisantes et où la loi exige un mandat authentique : tels sont les cas où les parties intéressées à la rédaction d'un acte d'état civil peuvent se faire représenter (1), les cas d'opposition au mariage (2) et d'acceptation de donations (3). Mais, en dehors de ces cas spéciaux et peu nombreux, expressément prévus par les lois, la procuration sous seing privé est-elle toujours suffisante, et peut-elle même autoriser le mandataire à faire des actes qui doivent nécessairement être revêtus de la forme authentique, tels qu'une reconnaissance d'enfant naturel, une constitution d'hypothèque, une mainlevée d'inscription hypothécaire, une donation entre-vifs? Nous ne le pensons pas, car si, pour ces différents actes, la loi exige l'authenticité, c'est afin que le consentement de la partie qui s'oblige soit authentiquement constaté; or, si le mandat donné par cette partie est sous seing privé, qu'y aura-t-il de certifié par le notaire? La présence et la déclaration du mandataire, mais nullement le consentement de l'obligé, qui est le mandant. L'acte ne sera donc pas fait avec la certitude et les garanties que le législateur a en vue lorsqu'il exige l'authenticité : le mandant pourra nier son écriture ; d'un autre côté, on ne sera pas

(1) Art. 36 C. N.
(2) Art. 66 C. N.
(3) Art. 933 C. N.

certain que son consentement ait été donné en parfaite connaissance de cause et avec une entière liberté d'esprit. C'est pourquoi le mandat devra être donné par acte notarié, toutes les fois que la mission du mandataire consistera à faire un acte qui ne serait pas valable, s'il n'était authentique.

Le mandat peut non-seulement être donné par écrit sous seing privé, mais encore être exprimé verbalement. Il peut même résulter des gestes, qui sont un langage souvent aussi expressif que la parole : *Annuens capite vel humeris censetur mandare* (1).

Lorsque le mandat n'est pas donné par écrit, la preuve n'en peut ère admise que suivant les règles ordinaires établies dans les articles 1341 et suivants du Code Napoléon ; c'est-à-dire que la preuve testimoniale n'est admissible que lorsque la matière du mandat n'excède pas 150 francs, à moins qu'il n'existe un commencement de preuve par écrit (2), ou qu'il n'ait pas été possible de constater le mandat par un acte authentique ou sous seing privé (3). En matière commerciale, le mandat pourra être prouvé par témoins, quel que soit le chiffre de la demande (4).

« Le contrat de mandat, dit Pothier, peut se faire tacitement et sans qu'il intervienne aucune déclara-

(1) Balde, conseil 280.
(2) Art. 1347 C. N.
(3) Art. 1348 C. N.
(4) Art. 109 C. com.

tion expresse de la volonté des parties ; car, toutes les fois que je fais, au vu et su de quelqu'un, quelqu'une de ses affaires, il est censé par cela seul intervenir entre nous un contrat de mandat, par lequel il me charge de cette affaire. » Ces principes de l'ancienne jurisprudence, qui étaient aussi ceux du droit romain, ont été maintenus par le Code Napoléon ; il serait, en effet, contraire à la nature des choses de refuser au mandat tacite une existence légale. Cependant quelques auteurs ont soutenu que le Code Napoléon ne reconnaissait pas de mandat tacite (1) ; mais leur doctrine a été victorieusement réfutée par M. Troplong. Ces auteurs ont prétendu que la suppression du mandat tacite résultait de l'article 1372 du Code Napoléon, aux termes duquel, « soit que le propriétaire *connaisse la gestion*, soit qu'il l'ignore, celui qui gère contracte l'engagement tacite de continuer la gestion commencée. » On ne saurait tirer de cet article la conclusion à laquelle arrivent les auteurs dont nous combattons l'opinion ; il en résulterait tout au plus que le Code se borne à ne pas considérer comme un mandat tacite le seul silence de la personne qui connaît la gestion de ses affaires par un tiers et ne s'y oppose pas ; il n'en résulterait pas la suppression de tous les mandats tacites ; car il y en a une foule qui proviennent de faits autres que la connaissance et la souffrance. « Mais il faut aller plus loin, dit

(1) Toullier, t. 11, n° 25 ; Proudhon, *Usufruit*, n° 1327.

M. Troplong, et l'on ne doit même pas faire cette concession à des interprétations qui méconnaissent le véritable esprit de l'article 1372. Non ! il n'est pas vrai que cet article repousse le mandat tacite résultant de la connaissance et du silence du maître (l'article 1578 en est la preuve). Il n'est pas vrai que, sur ce point, le Code Napoléon ait voulu abroger la maxime romaine, ou plutôt la règle de bon sens : *Semper qui non prohibet pro se intervenire, mandare creditur.* Si l'article 1372 avait voulu que la gestion des affaires d'autrui, avec la connaissance de ce dernier, fût, dans tous les cas et d'une manière générale, un quasi-contrat, et non un vrai contrat de mandat, la législation du quasi-contrat *negotiorum gestorum* présenterait un chaos indigeste ; elle serait à refaire. » L'article 1372 n'est donc que la consécration de la théorie du droit romain, qui reconnaissait un quasi-contrat dans la gestion faite avec la connaissance du maître, lorsque cette connaissance n'arrivait qu'après la gestion commencée, et qui donnait, au contraire, l'action de mandat, toutes les fois que celui qui avait géré avait commencé sa gestion avec l'approbation tacite du maître.

Si l'article 1372 avait repoussé le mandat tacite, il aurait été en contradiction avec l'esprit général du Code, qui se montre partout favorable au consentement tacite, soit en matière de louage (art 1738 et 1739 C. N.), soit en matière de dépôt (art. 1922), soit en matière de société (art. 1862 et 1864). Il y a plus, même en ce qui concerne le mandat, notre loi reconnaît la validité du consentement tacite : ainsi l'art. 1578 voit dans le défaut d'opposition de la femme la preuve d'un mandat tacite donné à son mari pour l'administration de ses biens paraphernaux. Malgré ces textes, qui montrent bien clairement le véritable esprit de la loi, M. Toullier a cru voir dans l'article 1985 l'abolition du mandat tacite : cet article, dit-il, n'autorise que l'acceptation tacite du mandat, ce qui implique le rejet de la formation même du mandat par un consentement tacite. Quand il est question d'un contrat tel que le mandat, où domine le droit des gens, il faudrait autre chose qu'un argument *à contrario* pour prouver qu'il est assujetti à une manifestation sacramentelle. Mais si l'on se réfère aux discussions de la loi, on verra que cet argument *à contrario* ne peut même pas être invoqué ; dans le principe, en effet, le projet exigeait toujours une procuration écrite, et n'admettait les actes non écrits que relativement à l'acceptation ; le tribunat en ayant fait l'observation, on inséra des réserves en faveur du mandat verbal et de la preuve testimoniale, sans songer au mandat tacite, pour lequel on s'en référait en conséquence aux principes du droit commun, sur lesquels, ainsi que nous l'avons dit, il ne saurait y avoir le moindre doute.

D'ailleurs l'article 1985 lui-même vient à l'appui du système que nous soutenons. Cet article permet de voir dans les faits d'exécution la preuve de l'acceptation du mandat ; or on est souvent amené par la force des choses à remonter à la cause première de cette acceptation, et l'on y trouve la preuve que celui dont on a fait la chose a donné son consentement à la gestion ; il serait illogique de ne pas faire produire à ce consentement les conséquences d'un contrat.

C'est particulièrement en matière de commerce que le mandat tacite reçoit son application ; le droit commercial, en effet, est plus dégagé des formes extérieures et donne plus de confiance que la loi civile aux présomptions humaines, aux témoignages oraux et autres moyens semblables de prouver les engagements. Aussi rien n'est-il plus constant que ce point de droit.

Le mandat tacite ne saurait être plus privilégié que le mandat verbal, et, lorsqu'il s'agit de plus de 150 fr., l'article 1985 ne permet pas de l'établir au moyen de la preuve orale, à moins que l'on ne se trouve en matière commerciale.

Aux termes de l'art. 1984, « le contrat de mandat ne se forme que par l'acceptation du mandataire. » Cette acceptation n'est soumise à aucune formalité, et, d'après l'art. 1985, elle « peut n'être que tacite et résulter de l'exécution qui lui a été donnée par le mandataire. » L'acceptation tacite du mandat peut résulter de diverses circonstances qu'il appartient aux tribunaux d'apprécier. Il peut arriver qu'il y ait acceptation tacite du mandat avant même toute exé-

cution de la part du mandataire et par le fait seul
de la réception de la procuration : par exemple, si,
étant sur le point de partir pour un voyage, je vais
trouver un de mes amis pour le prier de vouloir bien
se charger, en mon absence, de certaines affaires que
je lui explique, et que je lui remette à cet effet un
acte de procuration qu'il reçoit sans rien dire, la réception qu'il fait de cet acte est une preuve qu'il
consent à se charger du mandat. Mais lorsqu'on a
envoyé à quelqu'un une procuration par la poste,
la rétention de cette procuration n'est pas une présomption aussi claire d'un consentement à se charger du mandat. Cependant, si la personne à qui cette
procuration était adressée faisait son état de gérer
les affaires d'autrui, comme un avoué, un huissier,
un commissionnaire, on présumerait facilement une
acceptation par suite du défaut de réponse.

On peut attacher au contrat de mandat un terme
ou une condition ; à défaut de ces restrictions, il dure
in perpetuum, c'est-à-dire tant que le mandant vit
et ne le révoque pas, ou que le mandataire n'y a pas
renoncé. Il est cependant une foule de cas où, bien
que la procuration soit donnée sans assignation de
durée, elle contient un terme après lequel le mandataire ne pourrait pas valablement agir.

SECTION IV.

DE L'ÉTENDUE DU MANDAT.

Le mandataire ne peut obliger le mandant qu'en se renfermant dans les termes du mandat qu'il a reçu. Il est donc nécessaire d'examiner l'étendue de la procuration. Cette procuration est spéciale ou générale. Le mandat est spécial, quand il a en vue une affaire ou certaines affaires seulement; il est général, quand il a en vue toutes les affaires du mandant : ce sont les termes de l'art. 1987.

Il ne faudrait pas croire que le mandat n'est général que lorsqu'il embrasse toutes les affaires quelconques du mandant ; un tel mandat existe, alors même qu'il renferme le mandataire dans une certaine fonction, cette fonction n'aurait-elle qu'un objet, par exemple celui de faire le commerce à la place du mandant, pourvu que le mandataire soit autorisé à faire toutes les affaires prévues et imprévues qui s'y rattachent.

On se demandait, dans l'ancien droit, si le mandataire général pouvait trouver dans son mandat le pouvoir d'aliéner, et certains docteurs distinguaient le cas où la procuration était générale *simpliciter*, de celui où elle était générale *cum liberâ*, disant que, dans le premier cas, le mandataire ne pouvait faire que des actes d'administration, tandis que dans le second il avait des pouvoirs plus étendus, au nombre desquels était compris celui d'aliéner à titre onéreux. L'article 1988 ne peut laisser aucun doute sur cette question, et il l'a tranchée en disant que toutes les fois qu'une procuration est conçue en termes généraux, elle n'embrasse que les actes d'administration. Le mandataire général, quand même il serait dit dans le mandat qu'il a la libre administration, le libre pouvoir de gérer, ne peut se livrer à des actes de disposition sans un mandat exprès : « S'il s'agit d'aliéner, hypothéquer ou de quelque autre acte de propriété, le mandat doit être exprès. » Nous devons faire observer toutefois qu'il peut arriver que l'aliénation ne soit qu'un acte d'administration : telle est, par exemple, la vente des récoltes ou d'autres objets sujets à dépérissement ; il est donc hors de doute que des actes de cette nature peuvent être faits par un mandataire général.

Lorsque le mandat est spécial, le mandataire ne doit pas faire autre chose que ce que porte la procuration qu'il a acceptée. C'est pourquoi l'article 1989 dit que le pouvoir de transiger ne renferme pas le pouvoir de compromettre ; en effet, le mandant qui a trouvé dans son mandataire une capacité suffisante pour s'en rapporter à lui sur une transaction, n'est pas censé placer la même confiance dans la personne que choisirait ce dernier pour juger l'affaire en qualité d'arbitre, et qu'il ne connaît pas.

Les tribunaux ont un pouvoir souverain pour apprécier l'étendue d'un mandat; cette appréciation est souvent fort délicate. Dans tous les cas, l'exécution imparfaite d'un mandat ne donne le droit de se plaindre qu'au mandant ou à ses héritiers ; le mandataire ne peut se prévaloir de sa propre faute et s'en faire un moyen de nullité du mandat; ses héritiers ne le peuvent pas non plus. Quant aux tiers, ils n'y seraient pas plus fondés, car le mandant auquel ils voudraient opposer l'exception de transgression pourrait la repousser en leur disant qu'il a ratifié l'acte du mandataire.

SECTION V.

DES PERSONNES QUI PEUVENT DONNER OU RECEVOIR UN MANDAT.

Le Code ne s'occupe pas spécialement de la capacité du mandant; ce silence est facile à concevoir, car les règles générales sur la capacité en matière de contrats sont applicables au mandant. Un mandat ne peut donc être conféré que par un individu ayant droit de faire l'opération qui est l'objet de la convention. « Celui-là seul, disait le tribun Tarrible, qui a la capacité de traiter une affaire, peut en confier l'exécution à un autre. Le pouvoir donné par le mandat est nécessairement circonscrit dans celui qu'aurait le commettant lui-même, s'il traitait ou agissait en personne. »

Mais, comme l'objet du mandat est de faire effectuer par quelqu'un ce qu'on a capacité de faire soi-même et qu'on ne peut ou ne veut pas traiter en personne, il n'est pas nécessaire, en ce qui concerne les rapports entre le mandant et les tiers, que le mandataire par l'intermédiaire duquel ces rapports s'établissent ait capacité pour s'obliger lui-même. Nous supposons d'ailleurs que le mandataire parle au nom du mandant, car, s'il parlait en son propre nom, il s'obligerait personnellement et sa capacité serait alors indispensable. Mais, tant que le mandataire agit au nom du mandat, son rôle est purement passif; il n'est qu'un organe, un *nudus minister*, chargé de transmettre aux tiers les ordres qu'il a reçus.

Aussi l'article 1990 dit-il que les femmes mariées et les mineurs émancipés peuvent être choisis pour mandataires. Il semblerait résulter, au premier abord, des termes de cet article, que le mandat ne peut être confié à un mineur non émancipé; mais cette opinion, contraire à l'ancienne jurisprudence, ne reposerait sur aucun motif plausible : le mandant doit être libre de donner sa confiance à qui bon lui semble. Son choix n'intéresse que lui et non les tiers, à l'égard desquels tous les actes faits par le mandataire, quel qu'il soit, sont valables comme s'ils avaient été faits par le mandant lui-même.

Mais si, dans les rapports du mandant avec les tiers, la capacité du mandataire est indifférente, il n'en est pas de même dans les rapports du mandant et du mandataire. On retombe alors dans les prin-

6

cipés généraux sur la capacité des mineurs, des in-
terdits, des femmes mariées. Le mandant est sans
doute engagé ; mais les incapables qu'il a chargés
de son mandat pourront se dégager en faisant va-
loir la nullité relative introduite en leur faveur.
M. Tarrible a parfaitement exposé cette situation
dans son rapport au tribunat. « L'exécution du mandat, dit-il, entraîne à sa suite une obligation respec-
tive, dont la solidité est subordonnée à certaines
conditions. Si le commettant a fixé son choix sur un
mineur, sur une femme mariée ou sur toute autre
personne qui n'avait pas la libre faculté de s'engager,
il n'aura de reproches à faire qu'à sa propre imprudence, et les obligations qui sont à la charge du
mandataire demeureront soumises à la nullité ou à
la restitution inséparables des engagements contractés par les personnes de cette classe. »

CHAPITRE II.

DES OBLIGATIONS DU MANDATAIRE ENVERS LE MANDANT.

SECTION PREMIÈRE.

DE L'EXÉCUTION DU MANDAT.

La première obligation du mandataire consiste à
accomplir le mandat dont il s'est chargé, et il doit l'ac-

complir en bon père de famille et pour le mieux des intérêts du mandant. En général, l'exécution doit être faite dans le sens où le mandat a été donné ; cependant il faudra distinguer si la procuration a été donnée dans des termes impératifs ou facultatifs : dans ce dernier cas, le mandataire aura le pouvoir d'agir de telle ou telle façon, d'après les circonstances de fait ; c'est là, d'ailleurs, une question d'appréciation de l'étendue du mandat, qui peut être souvent fort délicate, et qu'il appartient aux tribunaux de juger souverainement.

L'article 1991 ne déclare le mandataire responsable que des dommages et intérêts *qui pourraient résulter de l'inexécution du mandat*. Il résulte de cette disposition que, si l'inexécution n'a causé aucun préjudice au mandant, le mandataire n'est passible d'aucune condamnation. En effet, les dommages-intérêts ne sont autre chose que la compensation de la perte qu'on a éprouvée et du gain qu'on aurait pu faire (article 1149 C. N.) ; il ne peut donc y avoir lieu à des dommages et intérêts, lorsqu'il n'y a ni perte ni manque de gain. Par exemple, si j'ai été chargé d'acheter une maison que j'ai négligé d'acheter, et que, peu de temps après, cette maison ait été détruite par cas fortuit, je ne dois aucuns dommages-intérêts à mon mandant, puisque, par le fait, ma négligence lui a été utile au lieu de lui causer un préjudice.

Si le mandant ne fait pas ce qu'il est tenu de faire

pour faciliter l'accomplissement du mandat, le mandataire n'est pas obligé de l'exécuter. Ainsi, vous me chargez de payer à vos créanciers 10,000 fr. que vous m'annoncez par le premier envoi. Ces fonds ne m'arrivent pas, et vous me laissez sans provision. Vous êtes en faute, puisque vous n'avez pas remis entre mes mains les moyens d'exécuter vos ordres ; tant que vous ne me les aurez pas fournis, ma responsabilité sera à couvert.

L'exécution du mandat peut être paralysée par des cas de force majeure, c'est-à-dire par des événements que l'on ne peut pas prévoir ou que l'on ne peut pas empêcher : « *Omne quod humano cœptu prœvideri non potest, nec cui prœviso potest resisti.* »

Lorsque l'empêchement résultant de la force majeure n'est que temporaire et doit disparaître au bout d'un certain temps, le mandataire devra en donner avis au mandant, et agir aussitôt que l'obstacle aura cessé, à moins qu'il ne reçoive contre-ordre, si l'affaire est susceptible d'ajournement; si, au contraire, l'exécution du mandat ne peut être ajournée, le mandataire doit se borner à donner avis au mandant et ne rien faire.

La force majeure peut mettre un obstacle absolu à l'exécution du mandat : dans ce cas, le mandataire ne doit pas faire autre chose à la place de ce qui lui était commandé ; mais il n'est pas responsable de l'inexécution. Toutefois il est des cas où le mandataire sera reçu à faire, comme *negotiorum gestor*, autre chose que ce que lui prescrivait son mandat : par exemple, j'expédie des blés à un commissionnaire pour les vendre à 200 fr. l'hectolitre ; mais, en route, le chargement éprouve une avarie, les blés arrivent dépréciés, et, si mon commissionnaire les garde, ils subiront une dépréciation plus grande encore ; en conséquence, il les vend 180 fr. l'hectolitre ; il est clair que je dois ratifier cette vente, bien qu'elle ne soit pas conforme à mes instructions.

La force majeure peut ne porter que sur les moyens d'exécution indiqués, sans atteindre la chose même qui fait l'objet du mandat. Dans une pareille hypothèse, il faut distinguer entre le cas où l'exécution du mandat comporte un ajournement et le cas où elle n'en comporte pas. Si un ajournement est possible, le mandataire doit consulter le mandant et attendre de nouveaux ordres. Si tout ajournement est impossible, le mandataire ne doit rien faire, lorsque la procuration est impérative et limitative ; il doit se borner à donner son avis à son commettant ; mais, lorsque les termes du mandat ne sont qu'indicatifs, le mandataire peut pourvoir aux intérêts du mandant par des équipollents.

Quelquefois la force majeure ne met obstacle à la consommation du mandat que lorsqu'il est en cours d'exécution. Dans ce cas, le mandataire doit avant tout consulter le mandant, lorsqu'il est à portée de l'interroger ; s'il ne peut le faire, il doit, à l'exemple du bon père de famille, suivre le parti le plus en rapport avec ses instructions, suivant ce que lui permettent les circonstances.

Si la force majeure n'intervient qu'après l'accomplissement du mandat et empêche la livraison de la chose qui en fait l'objet, il faut décider, par application des principes généraux (art. 1302 et 1303 C. N.) , qu'en l'absence de toute faute du mandataire et de mise en demeure, la chose périt pour le mandant.

C'est au mandataire à prouver la force majeure ; et, pour réussir dans cette preuve, il faut, si le fait est de ceux auxquels la faute vient se mêler si souvent, tels que le vol, l'incendie, qu'il prouve qu'il a été diligent et qu'il a fait, pour empêcher l'événement, tout ce que doit faire un père de famille attentif.

Le mandataire peut prendre sur lui la responsabilité de la force majeure. Quelquefois il se fait assureur du succès de l'opération, moyennant une prime : c'est ce qu'on appelle la convention *du croire* (*del credere*). Ainsi, par exemple, on peut transmettre à un commissionnaire l'ordre de vendre des marchandises à crédit, avec une prime de trois pour cent, à la charge par ledit commissionnaire de prendre à ses risques la solvabilité des débiteurs et le succès du recouvrement. La convention *del credere* ajoutée au mandat n'en change pas la nature : ce n'est qu'un pacte additionnel qui rend les obligations du mandataire plus étroites.

Lorsqu'il n'y a pas d'empêchements, le mandataire doit exécuter complétement le mandat dont il s'est chargé et terminer ce qu'il a commencé. Alors même que le décès du mandant met fin au mandat, et qu'il y a quelque chose de commencé, le mandataire est tenu, s'il y a urgence, de le terminer (article 1991 C. N.). Mais, dans le cas où il n'y aurait pas d'urgence, la mort du mandant mettrait fin à la gestion, et le mandataire devrait s'abstenir.

DE LA RESPONSABILITÉ DU MANDATAIRE.

Le mandataire est responsable non-seulement de son dol, mais encore des fautes qu'il commet dans sa gestion. On pourrait cependant convenir que le mandataire ne serait pas tenu des fautes qu'il aurait commises ; mais une pareille convention ne l'affranchirait pas de l'obligation d'exécuter le mandat avec bonne foi, car il répond toujours de son dol.

La responsabilité du mandataire devra être appréciée avec plus ou moins de sévérité, suivant que le mandat sera salarié ou gratuit. Ainsi le juge peut constater une faute à l'égard d'un mandataire salarié, dans un fait qui n'en constituerait pas une de la part d'un mandataire à titre gratuit.

Il est impossible de passer en revue tous les faits qui peuvent engager la responsabilité du mandataire. Cependant nous pouvons montrer par quelques exemples, comment le mandataire se trouve en faute. Ainsi le mandataire, surtout en matière commerciale, est tenu à la discrétion et au secret, et, s'il résulte de son indiscrétion quelque dommage pour le mandant, il en est responsable.

Le mandataire doit aussi tenir son mandant au courant de tout ce qui peut lui être utile, le prévenir de la situation de l'affaire et des incidents qui surgissent, et enfin lui donner un prompt avis de la conclusion de l'affaire ; sinon, il sera passible de dommages et intérêts pour la perte causée au mandant par suite de son silence.

On peut considérer comme une faute de la part du mandataire le fait d'entreprendre une chose qu'il saurait devoir nécessairement échouer, et que le mandant ne lui aurait commandée que parce qu'il la croyait possible.

Le retard que met le mandataire à accomplir le mandat, lorsque d'ailleurs rien n'arrête l'exécution de l'affaire, est aussi une faute qui engage sa responsabilité.

Lorsque les intérêts du mandant sont en opposition avec ceux du mandataire, celui-ci doit sacrifier ses propres intérêts pour sauver ceux du mandant : car il n'était pas obligé de se charger du mandat, qu'un autre aurait pu remplir, et, en l'acceptant, il a pour ainsi dire pris l'engagement de veiller à la chose de son commettant avec plus de soin encore qu'à la

sienne propre. Cependant, si le mandat est tout à fait
gratuit, il paraît équitable de ne pas rendre le mandataire responsable d'avoir préféré sa chose à celle
du mandant ; car le service qu'il rend à ce dernier,
ne doit pas lui causer de préjudice : « *Nemini offi-
cium suum damnosum esse debet.* » Cette distinction
nous semble justifiée par les termes mêmes de l'article 1992, qui veut que la responsabilité relative aux
fautes soit appliquée moins rigoureusement en matière de mandat gratuit qu'en matière de mandat
salarié.

SECTION III.

DE LA REDDITION DE COMPTES.

Tout mandataire est tenu de rendre compte de sa
gestion : c'est là une obligation qui est établie par la
loi dans l'intérêt des deux parties ; car il est de l'intérêt du mandataire de prouver par un compte franc
et exact ce qui peut lui être dû par le mandant, à côté
de ce qu'il doit à ce dernier.

Le mandant peut-il dispenser le mandataire de
rendre compte? Sans aucun doute; une telle convention n'a rien d'illicite ; mais alors le mandat perd ses
caractères propres et naturels , et se trouve converti
en une libéralité dont le mandataire profite, lorsqu'il
refuse de rendre compte.

Aucune formalité particulière n'est imposée au
mandataire pour la reddition de son compte. Dans

l'usage, il fait un relevé de ses opérations qui comprend un chapitre pour les recettes et un autre relatif aux dépenses. Les pièces justificatives qu'il doit produire sont les lettres, les factures, les récépissés, les livres de commerce régulièrement tenus. Mais, lorsque le mandat doit recevoir une exécution immédiate, qui ne laisse aucune trace d'écriture, on ne saurait contraindre le mandataire à la production de pièces justificatives, et il doit être considéré comme libéré de son obligation de reddition de comptes, par cela seul qu'on ne la lui a pas demandée dans un délai assez court, à moins qu'on n'établisse contre lui qu'il n'a pas fidèlement rempli sa mission.

Que doit comprendre le compte du mandataire ? D'après l'article 1993, il est tenu « de faire raison au mandant de tout ce qu'il a reçu en vertu de sa procuration, quand même ce qu'il aurait reçu n'eût point été dû au mandant. » Cette dernière disposition est très-juste ; car, dès que le mandataire a reçu en vertu du mandat et pour le mandant, ce n'est pas lui, mais bien le mandant, qui peut être poursuivi en restitution ; d'où il suit que le mandant doit avoir le droit de faire verser entre ses mains les sommes qu'il peut être exposé à rendre.

Le mandataire doit-il rendre compte des profits naturellement injustes ou illicites qu'il a retirés de la chose du mandant ? Par exemple, s'il a placé l'argent du mandant à un taux usuraire, doit-il rendre compte des intérêts usuraires que cet argent a rapportés ?

Nous ne pensons pas que le mandant puisse exiger ces intérêts et profiter ainsi de l'usure du mandataire ; mais est-ce à dire que le mandataire gardera ces intérêts pour lui ? Ce résultat serait pire que le premier. Pour arriver à une solution conforme à l'équité, nous croyons que les intérêts usuraires ne devront pas entrer en compte, mais que le mandant devra mettre en cause les débiteurs, afin qu'ils soient à même d'exercer leurs droits ; il devrait tout au moins les prévenir qu'il entend rester étranger aux opérations illicites faites par son mandataire.

Le mandataire est tenu de restituer à son commettant les titres et les pièces que ce dernier lui a remis pour sa gestion. Quant aux lettres missives que le mandataire a reçues à l'occasion du mandat, il ne peut être contraint de les remettre à son mandant, tant qu'il reste exposé à quelque recours de la part de ce dernier.

Non-seulement le mandataire doit faire entrer dans son compte ce qu'il a perçu effectivement, mais il doit y faire entrer aussi ce qu'il aurait dû recevoir et qu'il n'a pas reçu par sa faute. Si les choses qu'il a reçues ont péri par force majeure et sans sa faute, et qu'il lui ait été accordé pour cela une indemnité, il devra remettre cette indemnité à son mandant.

Lorsque le mandataire vient à perdre, par suite d'un cas de force majeure, des espèces qu'il détient par suite du mandat, la perte est pour le compte du mandant, dans le cas où ces espèces peuvent être considérées comme un corps certain, lorsqu'elles sont, par exemple, renfermées dans des sacs cachetés ; lorsque, au contraire, le mandataire a reçu ces espèces non pas à la charge de les rendre *in individuo*, mais avec la faculté d'en rendre d'autres de même valeur et ayant cours, il est un dépositaire irrégulier, qui est considéré comme propriétaire des espèces qu'il a reçues par suite de la confusion qui s'est opérée entre elles et celles qu'il pouvait avoir dans sa caisse, et alors la perte doit être supportée par lui.

Le mandataire ne doit pas seulement rendre compte au mandant des sommes principales qu'il a reçues, il doit encore lui remettre les intérêts que ces sommes ont produits. D'après l'article 1996 Code Napoléon, il « doit l'intérêt des sommes qu'il a employées à son usage, à dater de cet emploi. » Cette obligation existe même lorsque les sommes employées par le mandataire consistent dans des intérêts qui lui ont été payés par des tiers débiteurs du mandant ; car ces intérêts sont entre ses mains un véritable capital.

Mais si c'est après y avoir été autorisé que le mandataire a employé à son usage l'argent du mandant, il ne sera tenu des intérêts qu'autant qu'il y aura eu à cet égard une convention expresse, car le mandataire devient alors un véritable emprunteur.

Le mandataire qui emploie les deniers du mandant à son usage personnel peut être condamné non-seulement à en payer les intérêts, mais encore, dans certains cas, à réparer de plus forts dommages. Ainsi, j'ai chargé quelqu'un, en lui remettant la somme nécessaire, de payer une dette pour moi ; au lieu de la payer, il a employé la somme à son propre usage, et mon créancier m'a fait des frais ; mon mandataire me devra incontestablement, outre les intérêts de la somme que je lui ai remise, des dommages-intérêts pour les frais qui m'ont été occasionnés par sa faute.

C'est du reste au mandant, s'il réclame des intérêts pour un emploi de deniers fait par le mandataire pour son usage personnel, à prouver cet emploi, car il est demandeur et d'ailleurs la faute du mandataire ne se présume pas.

L'art. 1996 du Code Napoléon contient une seconde disposition, en vertu de laquelle le mandataire qui est reliquataire est tenu des intérêts du reliquat à partir du jour où il est mis en demeure. La mise en demeure résulte soit d'une sommation, soit de tout autre acte équivalent (article 1139 C. N.). Elle peut même résulter de la correspondance des parties, lorsque cette correspondance prouve que le mandataire avait reconnu et avoué la dette, et qu'il avait promis de la payer sans aucune autre interpellation.

SECTION IV.

DE LA SUBSTITUTION D'UN MANDATAIRE.

En général, le mandataire doit agir par lui-même

pour exécuter le mandat : il a été choisi pour sa fidélité, son industrie, son zèle, son crédit ; il ne peut donc se décharger sur une personne inconnue du mandant d'une commission qui ne lui a été confiée qu'en vue de sa personne. Telle est la règle générale ; cependant il ne faut pas en outrer les conséquences, et il ne serait pas vrai de dire que le mandant n'est pas tenu de ratifier ce qui a été fait par le substitué de son mandataire, lorsque l'affaire a été conduite à bonne fin. L'article 1994 du Code Napoléon repousse une semblable théorie, et il se borne à dire que « le mandataire répond de celui qu'il s'est substitué. »

Si le mandat contient un pouvoir pour le mandataire de se substituer telle personne déterminée, le mandataire n'est point responsable de la gestion de cette personne, car le mandant a ratifié à l'avance la substitution, et, si le choix du substitué est mauvais, il ne peut s'en prendre qu'à lui-même.

Lorsque le mandataire a été autorisé à se faire remplacer sans désignation de personne, il ne répond de celui qu'il s'est substitué que si ce dernier était notoirement incapable ou insolvable, lorsqu'il l'a choisi.

L'autorisation de substituer peut être expresse ou tacite ; elle est tacite toutes les fois qu'on donne des ordres qu'on sait que le mandataire ne pourra pas exécuter lui-même, ou qu'il ne pourra pas du moins exécuter sans s'adjoindre des auxiliaires.

Le mandataire n'est-il pas virtuellement autorisé à se substituer un tiers, lorsque, par suite d'un empêchement imprévu, il ne peut pas exécuter personnellement le mandat? Il faut distinguer : si un retard dans l'exécution de l'affaire ne peut causer aucun préjudice, le mandataire doit se borner à prévenir le mandant, ou bien, s'il se substitue un tiers, il répond de la gestion de ce dernier; si, au contraire, l'affaire ne peut souffrir de retard, le mandataire peut se substituer un tiers sans encourir d'autre responsabilité que celle du choix de ce substitué.

La substitution autorisée par le mandant peut être faite au nom du mandant ou au nom du mandataire. Dans le premier cas, le mandataire est déchargé et s'efface. Lorsqu'au contraire la substitution est faite par le substituant en son nom, il n'en est plus de même ; les rapports primitifs entre le mandant et le mandataire continuent à subsister ; seulement le mandant a un obligé de plus, le substitué, et il peut agir directement contre ce dernier (art. 1994, § 2), lorsqu'il a commis une faute qui le rend passible de dommages et intérêts.

SECTION V.

DE LA SOLIDARITÉ ENTRE LES MANDATAIRES.

Nous avons vu qu'en droit romain le mandant avait une action solidaire contre tous ses mandataires, dans le cas où il en avait choisi plusieurs ; leur gestion était considérée comme un tout indivisible. Les législateurs du Code Napoléon en ont jugé autrement : ils ont pensé que le contrat de mandat, étant un contrat de bienfaisance dans l'intérêt du mandant, ne devait pas être trop onéreux pour le mandataire ; en conséquence, ils ont considéré les faits de gestion comme personnels à chaque mandataire, et ils ont décidé, dans l'article 1995, que, « quand il y a plusieurs fondés de pouvoirs ou mandataires établis par le même acte, il n'y a de solidarité entre eux qu'autant qu'elle est exprimée. » Cette disposition est, d'ailleurs, une conséquence du principe général posé dans l'article 1202 du Code Napoléon.

Lorsque le mandat a été donné à plusieurs mandataires, chacun d'eux peut agir séparément pour tous les actes qui se rapportent à l'exécution du mandat, à moins que la procuration ne divise leurs fonctions.

Le mandat donné à plusieurs exécuteurs testamentaires les rend solidairement responsables du compte du mobilier qui leur a été confié (art. 1033 C. N.). Si la loi déroge ici à la règle générale et établit la solidarité de plein droit, c'est que les exécuteurs testamentaires sont des mandataires qui n'ont pas été choisis par celui pour le compte duquel ils agissent, l'héritier, et qu'il importait de lui donner le plus de garanties possible ; c'est aussi afin d'assurer la conservation du mobilier de la succession, qu'il serait si facile de faire disparaître.

CHAPITRE III.

DES OBLIGATIONS DU MANDATAIRE A L'ÉGARD DES TIERS.

Nous savons que le mandataire peut agir en son nom personnel ou au nom du mandant. S'il agit en son nom, les tiers avec lesquels il contracte exercent leurs actions contre lui, de même qu'ils s'obligent envers lui. Si au contraire il n'a figuré, dans les contrats passés avec les tiers, que comme mandataire, le mandant seul se trouve lié; mais il n'est obligé que dans la limite du mandat : *Qui mandat ipse fecisse videtur.* Mais, pour que le mandataire reste ainsi étranger, vis-à-vis des tiers, aux engagements qui résultent du contrat, il faut qu'il leur ait donné une connaissance suffisante de ses pouvoirs, et alors il n'est tenu à aucune garantie, quand bien même il a dépassé, dans ses agissements avec les tiers, les limites de la procuration, à moins qu'il ne s'y soit personnellement obligé : telles sont les dispositions de l'article 1997 C. N. Cet article est fort équitable, car, lorsque les tiers ont eu pleine connaissance des pouvoirs du mandataire et qu'ils l'ont suivi dans la transgression à laquelle il s'est livré, ils ne doivent s'en prendre qu'à eux-mêmes, si le mandant ne ra-

7

tifie pas les actes de son procureur ; ils n'ont point été trompés, ils ont su qu'ils contractaient avec une personne qui n'avait pas qualité pour traiter avec eux, ils doivent donc courir le risque de l'opération.

Si le mandataire a traité avec les tiers au nom du mandant sans leur montrer ses pouvoirs, il est obligé envers eux pour tout ce qu'il a fait au delà de son mandat, car il ne peut leur reprocher d'avoir ajouté foi à sa parole, lorsqu'il prétendait avoir qualité pour traiter avec eux. Cependant, si le mandant avait ratifié les actes de son mandataire, celui-ci ne pourrait plus être l'objet d'un recours en garantie de la part des tiers, qui devraient s'adresser alors au mandant lui-même.

Le principe d'après lequel le mandataire n'est tenu d'aucune garantie envers les tiers auxquels il a donné connaissance de ses pouvoirs ne fait pas obstacle à ce qu'il soit obligé envers eux, lorsqu'il a ajouté son engagement personnel à celui de son mandant; c'est ce qui résulte, ainsi que nous l'avons vu, des termes de l'art. 1997 ; et il n'est pas étonnant qu'il en soit ainsi, car la stipulation par laquelle le mandataire s'engage personnellement, relativement aux actes qui sont en dehors du mandat, est une application du principe posé dans l'art. 1120 C. N., d'après lequel « on peut se porter fort pour un tiers, en promettant le fait de celui-ci, sauf l'indemnité contre celui qui s'est porté fort ou qui a promis de faire ratifier, si le tiers refuse de tenir l'engagement. »

De même qu'en règle générale les tiers n'ont pas une action directe contre le mandataire qui a traité avec eux *procuratorio nomine*, de même ce mandataire ne peut agir contre eux à raison des engagements qui résultent du mandat. Mais il pourra agir contre eux dans son intérêt privé, lorsque son action ne contrariera pas les droits du mandant : ainsi, par exemple, le commis qui aura payé par erreur pourra répéter en son nom personnel la somme que le tiers aura indûment reçue ; cette répétition ne portera, en effet, aucune atteinte aux droits du mandant, et le mandataire a tout intérêt à l'exercer, puisqu'il est responsable envers ce dernier de son erreur.

Nous disons que, lorsque le mandataire a agi au nom du mandant, les tiers n'ont aucune action directe contre lui, pas plus qu'il n'en a contre eux ; mais, en vertu de l'art. 1166 C. N., les tiers peuvent attaquer le mandataire en exerçant les actions que le mandant, leur débiteur, a contre lui, de même que le mandataire, s'il est créancier de son mandant, peut actionner les tiers du chef de ce dernier.

Lorsque le mandataire a traité en son propre nom, et non pas en qualité de mandataire, nous avons dit qu'il est obligé lui-même envers ceux avec qui il a contracté, qu'il est leur débiteur principal. Il résulte de là que le mandant est sans action contre les tiers, et que ces derniers ne peuvent agir directement contre lui. Mais le mandant peut contraindre le mandataire à lui céder ses actions contre les tiers avec lesquels il a contracté. Cependant, si ces actions avaient été éteintes par payement, compensation ou autrement, le mandant serait repoussé par une exception invincible.

On voit donc par là qu'il n'est pas indifférent que le mandat soit exécuté au nom du mandataire ou au nom du mandant; et, en règle générale, le mandataire doit révéler sa qualité et faire connaître le nom du mandant, à peine de tous dommages-intérêts envers celui-ci. Cependant, en matière commerciale, il en est autrement : le commissionnaire ne doit pas, en général, faire connaître le nom de son commettant, car, dans le commerce, le secret est presque toujours nécessaire au succès de l'entreprise.

Les tiers qui n'auront pas d'action directe contre le mandant pourront exercer contre lui, en vertu de l'art. 1166 C. N., les actions du mandataire avec lequel ils auront contracté.

Le principe que les tiers n'ont pas d'action directe contre le mandant, lorsque le mandataire a traité en son propre nom, souffre exception lorsqu'ils ont contracté avec un individu qui était notoirement connu pour être le mandataire d'une autre personne, et qu'ils n'ont consenti à traiter qu'en considération de cette personne. C'est là une question de fait et de bonne foi, dont la décision appartient aux tribunaux.

CHAPITRE IV.

DES OBLIGATIONS DU MANDANT A L'ÉGARD DU MANDATAIRE.

SECTION PREMIÈRE.

DU PAYEMENT DES AVANCES ET SALAIRE DU MANDATAIRE.

Le mandant doit rembourser au mandataire les avances et frais faits par celui-ci pour l'exécution du mandat (art. 1999 C. N.). Rien n'est plus juste, car l'affaire devant profiter au mandant, il est naturel qu'il en supporte les charges. Il est indifférent que ces avances aient été faites avec les fonds du mandataire ou avec ceux d'autrui ; elles devront toujours être remboursées au mandataire, car il en sera lui-même responsable auprès de celui qui lui aura prêté des fonds.

Mais, pour que les dépenses faites par le mandataire doivent lui être remboursées, il faut qu'elles aient été faites de bonne foi et par nécessité; il faut tout au moins qu'elles aient un caractère d'utilité incontestable.

Pour que le mandataire ait droit à être remboursé, il n'est pas nécessaire que l'affaire pour laquelle il s'est mis à découvert ait réussi. Il ne répond que de son zèle et de sa bonne administration, et, dès qu'il n'est pas en faute, on ne saurait lui imputer le non succès de l'entreprise. Peu importe même que la dépense excède ce que le mandant aurait probablement dépensé, s'il eût géré l'affaire lui-même ; il suffit que la dépense ait été faite de bonne foi par le mandataire, pour qu'il ait droit à en être indemnisé.

Les parties peuvent modifier par leur convention la règle établie par l'article 1999 Code Napoléon ; elles peuvent stipuler, par exemple, que le mandataire n'aura rien à exiger pour ses déboursés, qu'il devra les imputer sur son salaire, ou bien qu'il ne recevra pour indemnité de ses déboursés qu'une somme déterminée.

Le mandant ne doit pas seulement rembourser au mandataire les avances qu'il a faites pour l'exécution du mandat, il doit encore lui payer l'intérêt de ces avances à dater du jour où elles ont été faites (article 2001 du Code Napoléon). Cette disposition n'a pas pour but de procurer un gain au mandataire, elle a seulement pour but de le garantir d'une perte ; elle était d'ailleurs indispensable pour établir l'équilibre et l'égalité entre les droits du mandataire et ceux du mandant, puisque nous savons que le mandataire doit l'intérêt des sommes qu'il a employées à son profit, à dater de cet emploi (article 1996 C. N.)

Les avances dont les intérêts sont dus au mandataire ne consistent pas seulement en sommes payées aux créanciers du mandant, mais elles consistent encore en sommes qui, sur l'ordre de ce dernier, sont tenues à sa disposition ; ces sommes sont en effet dès lors improductives pour le mandataire.

Non-seulement le mandant doit rembourser au mandataire ses avances et frais en principal et intérêts, mais il doit encore lui payer son salaire, s'il lui en est dû un d'après une convention expresse ou tacite.

L'honoraire est dû au mandataire, alors même que l'affaire n'a pas réussi ; mais il peut être dérogé à cette règle par la convention des parties.

Lorsqu'un honoraire a été fixé et qu'il excède de justes bornes, il peut être réduit par les tribunaux.

Si le mandataire se rend coupable de dol, il peut être privé de son salaire ; mais, si le mandat est divisible et comprend plusieurs opérations distinctes et séparées, la privation de salaire ne pourra être prononcée que relativement aux opérations au sujet desquelles le mandataire est en faute.

S'il arrive que le mandataire se substitue une personne à laquelle il paye une commission, pourra-t-il la porter au compte de son mandant ? Il faut distinguer si la substitution a été volontaire, ou si elle a été nécessaire et forcée. Dans ce dernier cas seulement, le mandant devra payer, outre le droit de commission dû au mandataire, le droit dû au substitué.

Lorsque l'exécution du mandat a été empêchée par un cas de force majeure, le salaire n'est pas dû, car il n'a pas de cause. Mais lorsque la force majeure ne se produit qu'après un commencement d'exécution, le mandataire n'a droit qu'à une partie du salaire convenu, qui doit être en rapport avec les soins qu'il a donnés à l'affaire.

Quelquefois l'honoraire est fixé à un traitement par mois ; dans ce cas, l'empêchement momentané qui met le mandataire dans l'impossibilité de vaquer à son office n'est pas un motif de réduction ; tant que le mandat n'est pas révoqué, l'honoraire doit être payé sans diminution.

Si le mandat est révoqué par la volonté du mandant, il n'est dû aucun salaire au mandataire, lorsque cette révocation se produit *rebus integris;* mais si cette révocation est faite alors que le mandat a déjà reçu un commencement d'exécution, une indemnité proportionnelle doit être accordée au mandataire.

SECTION II.

DE L'INDEMNITÉ DUE AU MANDATAIRE POUR LES PERTES QUE LUI A CAUSÉES SA GESTION.

De même que le mandataire ne doit rien garder de sa gestion, de même, d'après l'art. 2000 C. N., il doit être indemnisé des pertes qu'il a essuyées à l'occasion de cette gestion, sans imprudence qui lui soit imputable. La justice de cette règle est manifeste ; le mandataire ne doit éprouver aucun préjudice par suite du service officieux qu'il rend au mandant, et il n'y a pas à distinguer, comme on le faisait dans l'ancienne jurisprudence, si sa gestion a été la cause ou seulement l'occasion de la perte qu'il a subie.

L'art. 2000 s'applique aussi bien au mandat salarié qu'au mandat gratuit ; toutefois, s'il résultait des circonstances qu'en allouant un salaire au mandataire, on a entendu que les pertes résultant de sa gestion resteraient à sa charge, il ne pourrait réclamer le remboursement des pertes qu'il aurait éprouvées.

Si les pertes soufflertes par le mandataire provenaient de sa faute ou de son imprudence, il ne serait pas reçu à en demander au mandant l'indemnité. Cependant, si le mandant avait profité de la perte éprouvée par le mandataire en faute, il serait tenu de l'en indemniser, car nul ne doit s'enrichir aux dépens d'autrui.

Le mandataire a droit non seulement à se faire indemniser des pertes que lui a causées l'exécution du mandat, mais encore à se faire décharger par le mandant des obligations qu'il a contractées dans l'intérêt de ce dernier, lorsqu'il a agi en son propre nom. Le mandant peut opérer cette décharge de deux manières : ou en rapportant au mandataire un acte par lequel le créancier, envers qui le mandataire s'est obligé, déclare qu'il décharge le mandataire et qu'il accepte le mandant pour seul débiteur en sa place ; ou en payant la dette.

DE LA SOLIDARITÉ ENTRE LES MANDANTS.

L'article 2002 C. N. déclare que, « lorsque le mandataire a été constitué par plusieurs personnes pour une affaire commune, chacune d'elles est tenue solidairement envers lui de tous les effets du mandat. »

La solidarité est un excellent moyen d'assurer au mandataire l'intégrité du remboursement de son indemnité : « Elle mettra, disait M. Bertrand de Greuille au Corps législatif, elle mettra le mandataire à l'abri des injustices, de l'ingratitude et des chicanes de l'intérêt personnel, assurera de plus en plus l'exécution de toutes les obligations contractées envers lui : obligations qui toutes dérivent du droit naturel, et dont on trouve le germe dans la conscience des hommes justes et reconnaissants. »

La solidarité des mandants a lieu dans le mandat salarié comme dans le mandat gratuit; l'art. 2002 ne fait aucune distinction à cet égard.

La disposition de la loi qui établit la solidarité de plein droit entre les mandants se concilie parfaitement avec celle qui porte que, lorsqu'il y a plusieurs mandataires, ils ne sont tenus chacun que pour ce qui les concerne : ces deux règles dérivent de la nature du mandat, qui est un contrat de bienfaisance de la part du mandataire. Le mandataire qui rend un service ne devait pas être privé des avantages du droit commun : les mandants, au contraire, sont solidaires les uns des autres; ils tirent du mandat un profit commun ; il est juste qu'ils soient tenus pour le tout envers celui qui leur rend service.

Mais, pour que la solidarité des mandants existe, l'art. 2002 exige la réunion de deux conditions : 1° que le mandataire ait été constitué par plusieurs ; 2° que l'affaire leur soit commune. Il suit de là que, si le mandataire n'a reçu pouvoir que d'un seul pour une affaire commune à plusieurs, il n'a d'action que contre celui avec lequel il a contracté. Il ne pourrait pas davantage agir par l'action solidaire, s'il avait reçu un mandat distinct de chaque intéressé, car il y aurait alors plusieurs mandats qui donneraient naissance à des actions séparées contre chaque mandant.

Lorsque le mandataire constitué par plusieurs a outrepassé ses pouvoirs, la ratification donnée par les mandants rétroagit au jour de la formation du contrat; mais, pour que le mandataire ainsi approuvé ait contre eux tous une action solidaire, il faut que la ratification de tous soit donnée par le même acte, car, dans le cas contraire, il y aurait autant de mandats distincts que de ratifications.

CHAPITRE V.

DES OBLIGATIONS DU MANDANT A L'ÉGARD DES TIERS.

Il arrive souvent que le mandat serve à mettre le mandant en rapport avec des tiers, à l'aide d'une personne qui, munie de la procuration, le représente auprès de ceux-ci. Le mandataire n'est alors qu'un simple intermédiaire, qui ne contracte aucune obligation personnelle ; le mandant seul est lié , *qui mandat ipse fecisse videtur*. Deux conditions sont nécessaires pour que les tiers aient une action directe contre le mandant : il faut que le mandataire ait agi au nom du mandant, et non pas en son propre nom ; il faut, en second lieu, qu'il n'ait pas excédé les limites de la procuration, car, s'il s'est permis de les dépasser, il n'a pas véritablement représenté le mandant.

Il peut arriver cependant que la règle, d'après laquelle le mandataire n'oblige le mandant envers les tiers qu'en se conformant aux termes de la procuration, souffre exception. Par exemple, je vous donne mandat d'emprunter en mon nom 300 fr. ; après avoir fait cet emprunt à *Primus*, vous vous servez de ma procuration pour emprunter encore en mon nom pareille somme à *Secundus*, auquel vous montrez le pouvoir que je vous ai donné; bien que ce dernier emprunt soit contraire à mes instructions, je n'en suis pas moins obligé personnellement envers *Secundus*, s'il a été de bonne foi. En effet, vous aviez un pouvoir apparent, auquel *Secundus* a eu de justes raisons d'ajouter foi, et il n'y aurait pour les tiers aucune sûreté à traiter avec un absent, si on les rendait responsables d'un abus caché. D'ailleurs, dans le cas que nous venons d'examiner, le mandant n'est pas exempt de faute ; il a eu tort de ne pas préciser la personne auprès de laquelle il voulait que l'emprunt fût fait, ou bien d'avoir laissé la procuration aux mains de son mandataire après que le mandat était accompli ; il est enfin responsable d'avoir mal placé sa confiance.

Lorsque les tiers de bonne foi ont eu juste sujet de considérer le mandataire comme propriétaire de la chose du mandant, et que cette chose est mobilière, le mandant ne saurait se prévaloir des dispositions de l'article 1998 C. N., pour répudier les engagements qui ont été contractés par le mandataire en dehors de son mandat. Par exemple, mon mandataire a vendu en son nom une chose mobilière que je l'ai chargé de vendre pour mon compte : l'acquéreur de bonne foi qui la lui a payée pourra invoquer la maxime *en fait de meubles possession vaut titre*, et retenir la chose sans être obligé de me la payer une seconde fois.

Nous avons dit que le mandant n'était obligé envers les tiers par les actes de son mandataire que lorsque ces actes étaient conformes à la procuration qu'il avait donnée. Mais s'il a ratifié les actes pour lesquels son mandataire a dépassé ses pouvoirs, cette approbation efface la faute de ce dernier, et elle équivaut à un mandat tant à l'égard des tiers qu'à l'égard du mandataire.

La ratification par le mandant des actes du mandataire n'est assujettie à aucune forme. Elle peut être verbale ou écrite, résulter de lettres, factures, bordereaux, actes sous seing privé, etc. Elle peut même être tacite ; tout fait quelconque, d'où résulte nécessairement une approbation, contient ratification et vaut autant qu'une déclaration solennelle. Ainsi, ayant été averti de ce que mon mandataire a entrepris en dehors de mes ordres, je garde le silence ; je suis censé consentir par là à ce que l'affaire se poursuive ; mais pour que mon silence soit une marque de mon approbation, il faut que j'aie eu connaissance du fait de mon mandataire et que je me sois trouvé par là dans la nécessité de m'expliquer.

Pour que la ratification soit valable, il n'est pas nécessaire que le ratifiant ait connaissance de toutes les circonstances secondaires ou accidentelles de l'affaire ; il suffit qu'il ait connu ce qui est de l'essence de l'acte qu'il a approuvé.

La ratification produit un effet rétroactif ; elle valide tout ce qui a été fait, et les choses sont au même état que si un mandat avait été donné *ab initio*. Il suit de là que le mandataire a droit aux intérêts de ses déboursés, non-seulement à partir du jour de l'approbation, mais du jour de ses avances. Les pertes que le mandataire aura éprouvées avant la ratification devront aussi être supportées par le ratifiant, si d'ailleurs ce dernier en a eu connaissance lorsqu'il a ratifié.

Les effets rétroactifs de la ratification sont circonscrits entre les parties; ils ne s'étendent pas aux tiers auxquels ils pourraient porter préjudice. Les tiers, en effet, ont un droit acquis à la nullité de l'opération faite par le mandataire résultant du défaut d'autorisation : le mandant ne peut leur enlever ce droit en ratifiant les actes de son mandataire.

CHAPITRE VI.

DES DIFFÉRENTES MANIÈRES DONT LE MANDAT FINIT.

Lorsque l'affaire confiée au mandataire a été accomplie, le mandat, n'ayant plus d'objet, cesse d'exister. De même, si la procuration a été donnée jusqu'à un certain temps ou sous une condition, l'arrivée de ce terme ou de cette condition met fin au contrat. Lorsqu'il en est ainsi, le mandat finit d'une manière normale; mais il arrive aussi fort souvent que le mandat prenne fin par suite d'événements imprévus lors de la formation du contrat, qui viennent brusquement détruire la convention des

parties. Nous allons étudier les différentes hypothèses où il peut en être ainsi, et nous les classerons
de la manière suivante : 1° révocation du mandataire
par le mandant ; 2° renonciation du mandataire au
mandat ; 3° mort du mandant ou du mandataire ;
4° changement d'état du mandant ou du mandataire ;
5° cessation des pouvoirs du mandant.

SECTION PREMIÈRE.

DE LA RÉVOCATION DU MANDAT.

Le mandant peut révoquer sa procuration quand
bon lui semble (art. 2004 C. N.), et mettre ainsi un
terme au mandat. C'est en effet dans son intérêt que le
mandat a été donné ; le mandataire, en l'acceptant,
a voulu lui rendre un service ; or, on ne rend pas un
bienfait à quelqu'un malgré lui ; de plus le mandat
ne se donne qu'à la confiance, et il est naturel que,
lorsque cette confiance n'existe plus, le mandant qui
en avait investi le mandataire puisse lui retirer ses
pouvoirs. Cette révocation peut avoir lieu soit avant
que le mandataire ait commencé ses fonctions,
rebus integris, soit lorsqu'il a déjà fait quelques actes
d'exécution. Dans le premier cas, le mandat est considéré comme n'ayant jamais eu d'existence ; le mandataire n'a pas d'action contre le mandant. Si la
révocation n'intervient au contraire qu'après un com-

mencement de gestion, elle ne produit ses effets que
pour l'avenir ; elle n'enlève au mandataire aucune
des actions qu'il avait contre le mandant quant aux
actes déjà accomplis.

Nous disons que la faculté qu'a le mandant de révoquer le mandat résulte de ce qu'il est seul intéressé au contrat, et de ce que le mandataire n'a voulu
que rendre un service et non stipuler un droit pour
lui-même. Il suit de là que cette faculté de révocation n'existe pas, toutes les fois que le mandat a été
donné dans l'intérêt du mandataire ; que si, par
exemple, le mandat fait partie d'une convention et a
pour objet l'exécution de cette même convention, il
ne peut être révoqué que du consentement des deux
parties contractantes.

La révocation du mandat peut être expresse ou
tacite. On trouve un exemple de révocation tacite dans
l'art. 2006 C. N. qui dispose : « La constitution d'un
nouveau mandataire, *pour la même affaire*, vaut révocation du premier, à compter du jour où elle a été
notifiée à celui-ci. » Que la révocation soit expresse
ou tacite, il faut toujours qu'elle soit notifiée au
mandataire ; car, si les faits d'où résulte cette extinction du mandat lui sont inconnus, ce qu'il a fait dans
cette ignorance oblige le mandant. Il faut même remarquer qu'il est certains actes que le mandataire instruit de sa révocation est tenu d'accomplir parce qu'ils
sont une suite nécessaire de ce qu'il a commencé, et
dans ce cas encore il oblige le mandant : par exemple,

8

s'il a vendu des marchandises qu'il a encore entre les mains, il doit en opérer la livraison.

Nous disons que la révocation doit être notifiée au mandataire pour être valable ; mais lorsque le mandataire vient à connaître, par un moyen quelconque, la révocation de ses pouvoirs, cette notification n'est plus nécessaire : tout ce que veut la loi, c'est que le mandataire sache qu'il a perdu la confiance de son mandant ; et, dès qu'il a cette connaissance, son devoir est de s'abstenir. Ce sera au juge à apprécier les circonstances d'où il résulte que la révocation était bien connue du mandataire.

Revenons maintenant à l'espèce de révocation tacite indiquée dans l'article 2006 que nous venons de citer. Il s'agit d'un mandataire qui se trouve révoqué par la simple constitution d'une autre personne à l'effet de gérer la même affaire ; cette constitution vaut révocation à compter du jour où elle a été notifiée au premier mandataire. Mais cette règle n'est pas absolue, et la présomption établie par l'article 2006 peut être écartée par suite des circonstances de fait. Il en est ainsi, par exemple, lorsque, dans la prévision de travaux considérables, le contrat réservait au mandant la faculté de nommer un second mandataire.

La révocation du premier mandat par le second aurait lieu quand même ce dernier serait nul et sans effet, soit parce que le mandataire nommé en dernier lieu serait mort, soit parce qu'il aurait refusé d'accepter ; la volonté du mandant de retirer sa confiance à celui qu'il avait d'abord choisi n'en est pas moins certaine en effet, et cela suffit pour que ce premier mandataire soit révoqué.

Mais la seconde procuration ne déroge à la première qu'autant qu'il s'agit de la même affaire et de deux ordres portant sur la même chose. Ainsi, lorsqu'une procuration est générale, la procuration spéciale donnée à un autre mandataire déroge, en ce qui concerne cette spécialité, à la procuration générale antérieure qui la comprenait : « *In toto jure generi per speciem derogatur* (1). » Mais, à l'inverse, la procuration spéciale donnée pour telle affaire n'est pas abrogée par la procuration générale postérieurement donnée à un autre mandataire, car rien n'empêche les deux mandats de coexister : ainsi je vous donne mandat de toucher des sommes qui me sont dues ; puis je donne à Titius un pouvoir d'administration générale ; ce second mandat ne révoquera pas celui que je vous ai donné, et, si je vous en fais part, ce sera afin que vous remettiez à Titius les sommes que vous aurez touchées.

Lorsque le mandant révoque un mandataire dont il avait d'abord fait choix, l'article 2004 l'autorise à retirer des mains de ce dernier l'écrit qui contient la procuration. Cette disposition a pour but de mettre le mandataire dans l'impossibilité de continuer avec

(1) L. 80, D. de reg. jur.

les tiers un rôle dont ceux-ci pourraient ignorer la fin.
Si la procuration a été donnée par acte sous seing
privé ou en forme de brevet, le mandataire devra en
remettre l'original; si la procuration est notariée et
qu'il en ait été gardé minute, le mandataire devra
remettre l'expédition dont il a été nanti, et le mandant agira prudemment en faisant connaître la révocation au notaire dépositaire de la minute, avec
défense d'en délivrer de nouvelles expéditions.

La remise de la procuration par le mandataire révoqué n'est cependant pas toujours possible. Il peut
arriver, par exemple, que le mandat soit contenu
dans une lettre dont le mandataire a un juste motif
de ne pas se dessaisir, parce qu'elle contient des
choses importantes et étrangères au mandat; dans
ce cas, et dans tous ceux où le mandant ne peut réclamer la remise du pouvoir qu'il a donné, il a du
moins le droit d'exiger des précautions telles, qu'il
ne puisse plus être fait usage de ce pouvoir contre
son gré.

La révocation qui a été notifiée au mandataire
peut n'être pas connue des tiers. Leur ignorance est
légitime et mérite protection. Aussi l'article 2005
C. N. déclare-t-il valables à leur égard les actes
qu'ils ont faits avec le mandataire révoqué, alors
qu'ils ignoraient cette révocation, sauf au mandant
son recours contre le mandataire. C'est au mandant
à prendre ses précautions : lorsque, par exemple,
un mandataire est en rapports constants avec des

tiers pour des affaires courantes, telles que paye-ments de loyers, d'arrérages de rentes, la notoriété et l'habitude les dispensent de lui demander la re-présentation de ses pouvoirs pour chaque opération; par conséquent le mandant, pour prévenir ces payements, doit faire connaître à ces tiers la révo-cation de la procuration qu'il avait donnée au mandataire.

Si les tiers connaissent la révocation du manda-taire, alors même que le mandant ne la leur a pas notifiée, ils ne peuvent plus invoquer le bénéfice de l'article 2005, car cet article n'est applicable qu'aux tiers qui ont traité *dans l'ignorance de la révocation.* En matière de mandat, tout est de bonne foi ; les tiers ne peuvent s'en prendre qu'à eux-mêmes, s'ils ont traité avec un mandataire dont ils savaient que les pouvoirs étaient révoqués.

SECTION II.

DE LA RENONCIATION DU MANDATAIRE AU MANDAT.

Le mandataire rend un service au mandant : or, il ne faut pas que celui qui agit dans la vue de rendre service soit victime de son bienfait ; c'est pourquoi la loi permet au mandataire de se dé-mettre de ses fonctions et de rendre au mandant la procuration qu'il en avait reçue. La renonciation du mandataire au mandat peut avoir lieu lorsque

les choses sont entières, ou bien lorsqu'elles ne le
sont plus. Dans le premier cas, c'est-à-dire lorsque
le mandant est prévenu assez à temps pour pouvoir
agir lui-même ou confier l'affaire à un autre mandataire, la renonciation ne lui cause aucun préjudice ; le mandataire est suffisamment déchargé par
la précaution qu'il a prise de renoncer en temps
opportun, de manière à conserver tous les droits
du mandant. Mais, lorsque la renonciation du mandataire se produit dans des circonstances telles que
l'affaire se trouve entravée par suite de cette renonciation, qu'elle est en souffrance ou qu'elle avorte,
le mandataire doit alors des dommages et intérêts
au mandant.

Toutefois, si le mandataire prouve qu'une juste
cause l'a forcé à renoncer à l'exécution du mandat,
il ne devra aucuns dommages et intérêts au mandant, quel que soit le préjudice éprouvé par ce dernier par suite d'une renonciation intempestive.
Parmi les justes causes qui peuvent ainsi faire excu-
ser le mandataire, on peut citer la maladie qui vient
l'atteindre, l'inimitié capitale survenue entre le mandant et le mandataire. Le dérangement des affaires
du mandant peut aussi autoriser le mandataire à s'abstenir : il avait en effet compté sur la solvabilité du
mandant pour le rembourser de ses avances et de
ses frais ; il est juste qu'il ne continue point un service qui lui serait à charge.

Quelle que soit la légitimité des motifs de renonciation, une condition est exigée par l'article 2007 pour que le mandataire soit entièrement déchargé de son obligation : c'est qu'il donne avis au mandant de sa renonciation. Cependant, si le mandataire est dans une impossibilité absolue de donner cet avis, il sera à l'abri de tout reproche : à l'impossible nul n'est tenu.

SECTION III.

DE LA MORT DU MANDANT OU DU MANDATAIRE.

Dans les contrats ordinaires, la mort des parties contractantes laisse subsister la convention entre leurs héritiers. Il en est autrement dans le mandat : en effet, le mandant étant censé faire par lui-même ce que fait le mandataire, il est évident que cette fiction ne peut plus avoir lieu après la mort du mandant ; et, alors même que le mandataire agit en son propre nom, il est naturel que le contrat prenne fin par la mort du mandant, car le mandat est un acte de confiance de la part de ce dernier, et ses héritiers peuvent ne pas partager la confinace qu'il accordait au mandataire.

Lorsque la mort du mandant arrive au moment où les choses sont encore entières, le mandat est censé n'avoir jamais existé ; le mandataire n'a aucune action contre le mandant. Si, au contraire, la mort du mandant n'arrive que pendant l'exécution du mandat, elle ne met fin à la procuration que pour l'avenir et laisse subsister les actions acquises par le mandataire.

Les parties peuvent déroger à la règle qui fait cesser le mandat par la mort du mandant : une telle convention n'a rien d'illicite ; il est même des mandats qui ne peuvent être exécutés qu'après la mort du mandant : tel est celui donné aux exécuteurs testamentaires. Mais les mandats qui doivent être exécutés après la mort du mandant pourraient se confondre quelquefois avec des donations à cause de mort ou des fidéicommis qui sont prohibés par la loi. Toutes les fois que le mandat présentera le caractère d'un de ces actes, il ne pourra produire aucun effet ; ce sera au juge à décider cette question d'après le scirconstances.

Dans le cas où le mandataire a ignoré la mort du mandant, les actes qu'il a faits dans cette ignorance sont valables et peuvent donner lieu à l'action de mandat contraire (art. 2008 C. N.). Il eût été injuste, en effet, de rendre le mandataire responsable d'un fait qu'il a légitimement ignoré. Et, dans ce cas, le mandat se continue même contre les héritiers mineurs laissés par le mandant : leur tuteur, en effet, est en faute de n'avoir pas fait connaître la mort de ce dernier au mandataire.

Mais le mandataire ne peut invoquer le bénéfice de l'art. 2008 du Code Napoléon qu'autant qu'il a complétement ignoré la mort du mandant : s'il en a eu connaissance d'une manière quelconque, cet article ne lui est plus applicable. Il est cependant des cas où le mandataire doit continuer l'affaire dont il s'est chargé, même lorsqu'il a été instruit du décès du mandant : cela arrive lorsque l'affaire est urgente et que les héritiers du mandant ne sont pas sur les lieux ; en un mot lorsqu'il y a péril en la demeure, comme dit l'article 1991 du Code Napoléon.

Lorsque les tiers ont ignoré la mort du mandant, les engagements contractés envers eux devront être exécutés comme lorsqu'ils ignorent les autres causes qui mettent fin au mandat. Ils ne sont pas tenus en effet de savoir que le mandataire n'a plus de pouvoirs, et leur bonne foi doit les garantir des conséquences fâcheuses qu'aurait pour eux l'inexécution du mandat (art. 1009 C. N.). Mais cette bonne foi des tiers n'existe plus lorsqu'ils ont appris, de n'importe quelle manière, la cessation des pouvoirs du mandataire.

Si la mort du mandant met un terme au contrat, à bien plus forte raison doit-il cesser par suite de la mort du mandataire : car celui-ci avait été investi d'une confiance toute personnelle, et ses héritiers n'ont pas le plus souvent la capacité nécessaire pour le remplacer. Cependant les héritiers du mandataire peuvent avoir à remplir certaines obligations commandées par l'équité même. Si le mandataire est mort après un commencement d'exécution, ils doivent prendre les mesures conservatoires qui sont nécessaires pour empêcher l'affaire de péricliter. Dans tous les cas, ils doivent donner avis au mandant de la mort du mandataire (art. 2010 C. N.). Mais cette obligation fondée sur l'équité ne pèse évidemment que sur les héritiers majeurs; les mineurs ne peuvent être tenus de faire ce que les circonstances exigeraient dans l'intérêt du mandant, car ils sont incapables de contracter et de s'obliger autrement que par leurs délits et quasi-délits.

SECTION IV.

DU CHANGEMENT D'ÉTAT DU MANDANT ET DU MANDATAIRE.

Le changement d'état subi par le mandant est une autre cause de cessation du mandat ; on entend par changement d'état tout changement par suite duquel une personne perd, en tout ou en partie, l'exercice de ses droits. Ainsi l'interdiction du mandant qui prouve que sa volonté n'est plus saine, son état de faillite ou de déconfiture, par suite duquel il a perdu toute confiance et tout crédit, font évanouir le mandat qu'il avait donné. De même la femme qui se marie subit un changement d'état qui affecte le mandat qu'elle avait donné avant de passer en puissance, si ce mandat est relatif à un acte qu'elle ne peut plus faire sans l'autorisation de son mari. Enfin l'interdiction légale est aussi un changement d'état que subit tout individu condamné à la peine des travaux forcés, de la détention et de la reclusion.

Les mêmes changements d'état mettent fin au contrat lorsqu'ils atteignent le mandataire. La loi suppose alors qu'il s'est produit un changement dans la volonté du mandant, qui ne trouve plus chez le mandataire les garanties qui l'avaient porté à contracter avec lui ; le mandat est donc révoqué *ipso jure*, sous la réserve, bien entendu, des droits des tiers qui ont traité de bonne foi avec le mandataire (article 2009 C. N.).

SECTION V.

DE LA CESSATION DES POUVOIRS DU MANDANT.

Le mandataire délègue quelquefois ses pouvoirs à une personne à l'égard de laquelle il est un mandant : il y a alors deux mandats entre personnes différentes, au sujet de la même affaire ; et si les pouvoirs du mandataire originaire viennent à cesser, la révocation du sous-mandataire s'ensuit nécessairement, en vertu de la règle *resoluto jure dantis, resolvitur jus accipientis.* C'est ce qui arrive dans les tutelles : les mandats donnés par le tuteur pour la gestion des affaires du mineur sont éteints par la cessation de la tutelle.

Lorsque le délégué n'a pas connu la cessation des pouvoirs de son mandant, si le mandant primitif n'avait pas autorisé la substitution faite par son mandataire, le délégué n'aura d'action que contre ce dernier ; tout ce qui a été fait sera pour le mandant originaire *res inter alios acta ;* mais si le mandant primitif avait autorisé l'adjonction du substitué; le délégué à qui il a laissé ignorer la révocation du substituant pourra le contraindre à ratifier ses actes.

Les tiers de bonne foi pourront aussi invoquer l'article 2009. Remarquons toutefois qu'ils n'auront d'action contre le mandant primitif qu'autant que celui-ci aurait autorisé la substitution, car il ne peut répondre des faits de celui qui lui est étranger.

Le décès du mandant primitif met fin à la délégation : *resoluto jure dantis, resolvitur jus accipientis.* Mais qu'arrive-t-il lorsque la mort atteint le délégant? Si la délégation n'a pas été autorisée, le mandat primitif étant évidemment éteint, le second mandat cesse également. Mais supposons que le mandant originaire ait autorisé la substitution. Dans ce cas, nous ferons une distinction : si le mandat primitif autorisait la substitution d'un tiers désigné, le délégué doit être regardé comme le mandataire direct du mandant originaire, et la mort du délégant ne doit pas être prise en considération ; si, au contraire, le mandat primitif ne contenait qu'une autorisation de substituer un tiers sans désignation de personne, comme tout se passe alors entre le délégant et le délégué, la mort du délégant, mandataire originaire, doit mettre un terme au mandat qu'il a donné, comme elle en met un au mandat qu'il a reçu.

Ce que nous disons ici de la mort du délégant doit s'appliquer également au cas où il est atteint par un changement d'état.

POSITIONS.

DROIT ROMAIN.

Le mandat commercial n'est pas éteint par la mort du mandant.

Les effets de la substitution faite par l'*institor* ne sont pas les mêmes que ceux de la substitution faite par le *magister navis*.

La loi 35, D. *de adquir. rer. dom.* n'est pas opposée à la loi 49, D. *mand.*

Il n'y a pas d'antinomie entre la loi 9, D. *de neg. gest.*, et la loi 60, D. *de reg. jur.*

DROIT FRANÇAIS.

Droit civil.

Un mandat donné par acte sous seing privé ne peut pas autoriser le mandataire à faire des actes qui doivent être, à peine de nullité, revêtus de la forme authentique.

Le mandat donné par plusieurs peut être révoqué par un seul, à moins qu'il ne s'agisse d'une chose indivisible.

L'art. 854 C. N. est applicable au cas où la société faite entre le défunt et son héritier a été constatée par un acte sous seings privés enregistré et publié conformément aux dispositions du Code de commerce.

Le droit de suite établi par l'art. 930 C. N. sur les immeubles aliénés par le donataire ne s'applique pas aux meubles.

Droit commercial.

Les syndics d'une faillite ne sont pas solidairement responsables de leur administration.

Les tiers créanciers d'une société en commandite ont une action directe contre les commanditaires pour les contraindre au versement de leur mise sociale.

Droit administratif.

La nullité du mandat donné par une commune non autorisée n'est qu'une nullité relative, qui ne peut être opposée que par la commune.

Droit criminel.

Le complice ne doit pas être puni de la même peine que l'auteur principal, lorsqu'à raison de circonstances personnelles à celui-ci, la peine se trouve aggravée.

TABLE.

DU MANDAT EN DROIT ROMAIN.

DU MANDAT EN DROIT FRANÇAIS.

FIN DE LA TABLE.

Poitiers.—Typ. de A. Dupré.

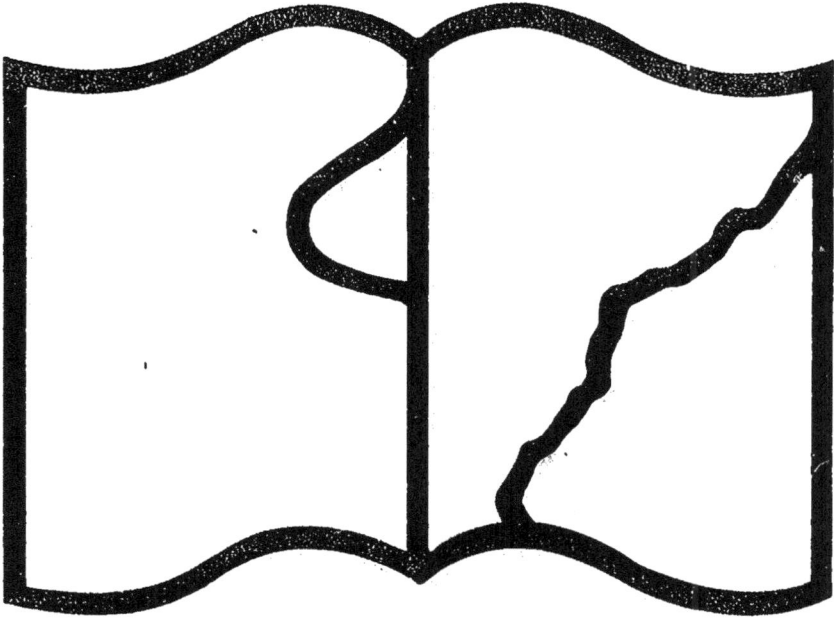

Texte détérioré — reliure défectueuse

NF Z 43-120-11

www.ingramcontent.com/pod-product-compliance
Lightning Source LLC
Chambersburg PA
CBHW072313210326
41519CB00057B/4935